Psychotherapie im Alter

Forum für
Psychotherapie,
Psychiatrie,
Psychosomatik
und Beratung

Herausgegeben von
Peter Bäurle, Münsterlingen; Johannes Kipp, Kassel; Meinolf Peters, Marburg/
Bad Hersfeld; Hartmut Radebold, Kassel; Astrid Riehl-Emde, Heidelberg;
Angelika Trilling, Kassel; Henning Wormstall, Schaffhausen/Tübingen

I0130147

Beirat

Beate Baumgarte, Gummersbach	Gertraud Schlesinger-Kipp, Kassel
Doris Fastenbauer, Wien	Ulrich Schmid-Furstoss, Wuppertal
Peter Fischer, Wien	Roland Schmidt, Erfurt
Nikolaus Grünherz, Hagen	Ursula Schreiter Gasser, Zürich
Eike Hinze, Berlin	Gabriela Stoppe, Basel
Rolf-D. Hirsch, Bonn	Martin Teising, Frankfurt
Johannes Johannsen, Köln	Werner Vogel, Hofgeismar
Ursula Koch-Straube, Bochum	Claus Wächtler, Hamburg
Andreas Maercker, Zürich	Dirk Wolter, Wasserburg

Psychosozial-Verlag

P☒V

Impressum

Psychotherapie im Alter
Forum für Psychotherapie, Psychiatrie,
Psychosomatik und Beratung

ISSN 1613–2637
5. Jahrgang, Nr. 20, 2008, Heft 4

ViSdP: Die Herausgeber; bei namentlich gekennzeichneten Beiträgen die Autoren. Namentlich gekennzeichnete Beiträge stellen nicht in jedem Fall eine Meinungsäußerung der Herausgeber, der Redaktion oder des Verlages dar.

Erscheinen: Vierteljährlich

Hg: Dr. Peter Bäurle, Dr. Johannes Kipp, Dr. Meinolf Peters, Prof. Dr. Hartmut Radebold, PD Dr. Astrid Riehl-Emde, Dipl.-Päd. Angelika Trilling, Prof. Dr. Henning Wormstall

Die Herausgeber freuen sich auf die Einsendung Ihrer Fachbeiträge! Bitte wenden Sie sich an die Schriftleitung:
Dr. Johannes Kipp
Klinik für psychosomatische Medizin und Psychotherapie
Klinikum Kassel
Mönchebergstr. 41–43, 34125 Kassel
Tel. 0561/9803825 · Fax 0561/9806844
E-Mail: j.kipp@psychotherapie-im-alter.de
www.psychotherapie-im-alter.de

Redaktionelle Mitarbeit: Klaus Rudolf Schell (Schwerte)
Übersetzungen: Keri Shewring

Satz: Hanspeter Ludwig, Gießen

Anfragen zu Anzeigen bitte an den Verlag:
E-Mail: anzeigen@psychosozial-verlag.de

Abonnentenbetreuung
Psychosozial-Verlag
E-Mail: bestellung@psychosozial-verlag.de
www.psychosozial-verlag.de

Bezug
Jahresabo 49,90 Euro · 85,50 SFr (zzgl. Versand)
Einzelheft 14,90 Euro · 26,80 SFr (zzgl. Versand)
Studierende erhalten gegen Nachweis 25% Rabatt.
Das Abonnement verlängert sich um jeweils ein Jahr, sofern nicht eine Abbestellung bis zum 15. November erfolgt.

Die Herausgabe der Zeitschrift wurde von 2004–2008 von der Robert-Bosch-Stiftung gefördert.

Die Herausgeber danken auch für die Unterstützung durch die Arbeitsgruppe **Psychoanalyse und Altern, Kassel.**

Pia Heft 4/2008
Die ›Alten Jungen‹ –
Kann man sich auf das Alter vorbereiten?

Editorial

Henning Wormstall
Die ›Alten Jungen‹
397

Themenschwerpunkt 50 plus

François Höpflinger
Generationenwandel des dritten Lebensalters –
sozio-kulturelle Verjüngung in einer
demografisch alternden Gesellschaft 401

Simon Forstmeier und Andreas Maercker
Die Rolle motivationaler Ressourcen im 6. Lebensjahrzehnt
und ihre Förderung in der Psychotherapie 413

Jacques-Emmanuel Schaefer und Gerhard W. Eschweiler
Der Einfluss körperlicher Aktivität auf depressive Syndrome
bei Menschen über 50 Jahren
427

Christoph Laske und Henning Wormstall
Präventive Optionen für kognitive Störungen 437

Georg Adler
Burnout-Syndrom und Psychohygiene an der Arbeitsstelle
in der Gerontopsychiatrie 453

Ruth Frei
Betriebe brauchen Fachpersonen für Alters- und Generationenfragen 463

Inhalt

Anwendungsbezogene empirische Arbeiten

Andreas Kruse und Eric Schmitt
Verwirklichung von Teilhabe-Potenzialen
im mittleren und höheren Erwachsenenalter   471

Therapieberichte

Douglas Puccini
Erfahrungsbericht über die psychotherapeutische Behandlung
einer 61-jährigen Frau
                                                                      491

Michael Schmid
Falldarstellung einer ambulanten Psychotherapie (VT)
nach mehrfach gescheiterten Therapien   503

Elke Richartz-Salzburger
Behandlung »Junger Alter«: Besonderheiten der Übertragung   515

Eine Institution stellt sich vor

Daniel Strub
Was hätte Paracelsus (1493–1541) zur Alterspsychiatrie
im ehemaligen Kloster St. Pirminsberg wohl gesagt? –
Die Alterspsychiatrie der Psychiatrie-Dienste
St. Gallen Süd (Ostschweiz)   523

Buchbesprechung

Angelika Trilling
Imhke Behnken, Jana Mikota (Hg) (2008)
Gemeinsam an der Familiengeschichte arbeiten   527

Zum Titelbild

Cäcilia Arnold und Annette Glaser
Die Größe der Berge und die Kleinheit der Menschen   530

Autorinnen und Autoren   532

Editorial

Die ›Alten Jungen‹

Mit vorliegendem Themenheft über die ›Alten Jungen‹, d.h. über die 50- bis 60-Jährigen, verlässt die Zeitschrift »Psychotherapie im Alter« vermeintlich ihr Kerngeschäft, um auf dem Terrain des zweiten Lebensalters zu grasen. Was könnten die Gründe dafür sein?

So finden Altersthemen bereits im mittleren Lebensalter wachsendes Interesse, die demografische Entwicklung der westeuropäischen Bevölkerung ist inzwischen bestens bekannt. Für viele scheint das Alter unweigerlich mit demenziellen Störungsbildern zu korrelieren und der Terminus Alzheimer hat sogar als Wort für jegliche Form von Vergessen und Unpünktlichkeit Eingang in die Jugendsprache gefunden.

Über-50-Jährige nehmen nicht selten außerdem eine sogenannte Sandwich-Position ein, in der sie einerseits mit Fragestellungen und Forderungen der jüngeren Generation konfrontiert werden und anderseits im näheren Umfeld täglich altersspezifische Problemstellungen vor Augen geführt bekommen, die unterschiedlichste Sorgen und Ängste auslösen können.

Altersbilder sind zunächst beharrlich und langlebig, wobei Altsein jedoch eher mit der Generation der Großeltern als mit derjenigen der Eltern assoziiert wird. Andererseits unterliegen Altersbilder auch einem kontinuierlichen Wandel. Hiervon ist die Generation 50 plus nicht ausgenommen. In Fernsehfilmen der zweiten Hälfte des 20. Jahrhunderts fanden sich zunächst zeit- und alterslose Rollenklischees wie »Mama Hesselbach« oder die von Inge Meysel dargestellten Frauentypen, um dann von beruflich und auch sexuell aktiven Frauenrollen, gespielt durch Iris Berben, Hannelore Elsner oder Hannelore Hoger (Bella Block) abgelöst zu werden.

Bei therapeutisch Tätigen sind die Altersbilder häufig mit Erkrankungen und nicht gelungenen Biografien assoziiert. Tangiert wird der Blick auf das Alter auch durch transkulturelle Klischees. So fürchten gemäß einer Studie von Roper Consulting, der amerikanischen Tochter der Nürnberger Gesellschaft für Konsumforschung, die Brasilianer am meisten, ihren sexuellen Antrieb im fortgeschrittenen Alter zu verlieren, die Koreaner, Falten oder Narben zu bekommen und die Deutschen, einen kognitiven Abbau (70%) oder Schmerzen (54%) zu erleiden. Im internationalen Vergleich hingegen sehen die Ägypter am gelassensten in die Zukunft, während sich Inder besonders vor Haarausfall und ergrauten Haaren fürchten.

Unter wissenschaftlichen oder volkswirtschaftlichen Gesichtspunkten können scharfe Altersgrenzen sinnvoll sein, eher verwirrend ist hierbei jedoch der in Fachpublikationen unterschiedlich definierte Beginn des Alters mit 60, 65 oder 70 Jahren. De facto sind die Grenzen fließend, sodass heutzutage der 70-Jährige mit einem jüngeren Erwachsenen mehr Gemeinsamkeiten aufweisen kann als mit Menschen aus der Altersgruppe der sogenannten ›Alten Alten‹. Auch der Übergang vom zweiten ins dritte Lebensalter kann trotz des festgelegten Termins des Eintritts in den Ruhestand nicht scharf gezogen werden. Da Lebensphasen nur vermeintlich abrupt enden und in der Realität kontinuierlich ineinander übergehen, wird hier – inspiriert von der Bezeichnung der ›Jungen Alten‹ – die sechste Lebensdekade, also das Alter zwischen 50 und 60 Jahren, mit dem Etikett ›Alte Junge‹ versehen. Hierdurch soll die Brückenfunktion der ›Alten Jungen‹ und der ›Jungen Alten‹ für die verschiedenen Lebensperioden unterstrichen werden.

Die Thematik der ›Alten Jungen‹ wurde hier nun aus vielfältigen Gründen aufgegriffen. So werfen Fragen des Alterns sowohl im beruflichen als auch im sozialen Kontext bei der (noch) berufstätigen Bevölkerung eine Vielzahl von Fragen auf, die in einer psychotherapeutischen Behandlung zur Sprache kommen können oder eine solche sogar erst erforderlich machen. In diesem vorliegenden Themenheft wird deshalb auf die Umbruchphase der nicht ganz einfachen Vorruhestandszeit eingegangen und es werden diverse Interventionsmöglichkeiten in Original- und Übersichtsarbeiten dargestellt.

So sieht Francois Höpflinger in der besseren Bildung und in mobileren Lebensformen der jüngeren Erwachsenen Chancen für aktivere und dynamische Altersmodelle. Das daraus resultierende sozialpolitische Engagement älterer Menschen und dessen Bedeutung für den Zusammenhalt der Generationen wird von A. Kruse und E. Schmitt untersucht. S. Forstmeier und A. Maercker beschreiben die große Bedeutung von Fähigkeiten zur Selbstregulation für das Bewältigen der Lebensaufgaben der Generation 50+. Dem Themenfeld des Arbeitsplatzes widmen sich G. Adler (Burnout-Syndrom) und R. Frei (Betriebsgerontologie). Auf eigene Einflussmöglichkeiten fokussieren die Beiträge von C. Laske und H. Wormstall über präventive Optionen sowie von J. E. Schaefer und G. Eschweiler über körperliche Aktivitäten.

In psychotherapeutischen Fallberichten, dem zentralen Bereich unserer Zeitschrift, beschreiben D. Puccini, M. Schmid und E. Richartz-Salzburger ihre Arbeit mit Patienten, die in diesem Lebensabschnitt stehen.

Ich bin sicher, dass das vorliegende Themenheft über die ›Alten Jungen‹ den Leserinnen und Lesern aller Altersstufen neue Denkanstöße liefern kann, und ich hoffe, dass diese Erkenntnisse in die therapeutische Arbeit einfließen und vielleicht auch aus persönlicher Perspektive von Nutzen sein können.

Hennning Wormstall (Schaffhausen)

Korrespondenzadresse:
Professor Dr. Henning Wormstall
Psychiatriezentrum Breitenau
Spitäler Schaffhausen
Breitenaustr. 124
CH–8200 Schaffhausen
E-Mail: *Henning.Wormstall@breitenau.ch*

Aktive Vaterschaft

Harald Werneck,
Martina Beham,
Doris Palz (Hg.)

Aktive Vaterschaft

Männer zwischen Familie und Beruf

Psychosozial-
Verlag

Eberhard Schäfer,
Michael Abou-Dakn,
Achim Wöckel (Hg.)

**Vater werden ist
nicht schwer?**

Zur neuen Rolle des Vaters
rund um die Geburt

edition
psychosozial

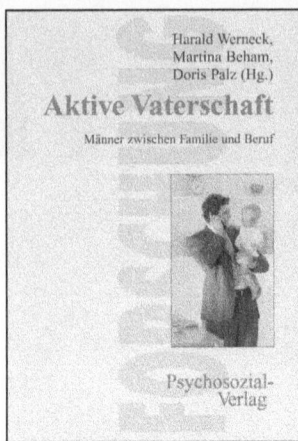

2006 · 244 Seiten · Broschur
ISBN 978-3-89806-551-1

2008 · 153 Seiten · Broschur
ISBN 978-3-89806-819-2

Die Frage, wie sich Familie und Beruf im Einzelfall vereinbaren lassen, wurde lange Zeit nahezu ausschließlich Frauen gestellt. An ihnen lag es, sich gegebenenfalls mit diesem »privaten«, »persönlichen« Problem zu befassen und eine Lösung zu finden. Seit einigen Jahren werden zunehmend auch die Männer in die Diskussion einbezogen, sowohl in der Forschung als auch im medialen und politischen Diskurs. Die Gründe, weshalb der Ausgleich zwischen Familie und Beruf zunehmend auch zur »Männersache« wird, sind vielfältig. Wissenschaftler und Wissenschaftlerinnen unterschiedlicher Disziplinen untersuchen – auch aus alltagspraktischer Sicht – die besonderen Fragen und Probleme, die sich für Männer aus dem Spannungsverhältnis zwischen Familie und Beruf ergeben.

Die Anwesenheit des Vaters bei der Geburt seines Kindes ist heutzutage selbstverständlich und gleichzeitig umstritten. Studien und Praxiserfahrungen zeigen: Gut informierte und unterstützte Väter bauen eine bessere Beziehung zum Kind auf und unterstützen ihre Partnerin. Internationale Wissenschafter und Praktiker präsentieren in diesem Band Studien, Good Practice und Erfahrungsberichte, die allesamt auf Handlungsbedarf zur professionellen Unterstützung engagierter Vaterschaft hinweisen.

Die Publikation wendet sich einerseits an Professionelle wie Ärztinnen und Ärzte in der Geburtshilfe, Hebammen und Entscheider im Gesundheitswesen. Andererseits richtet sich dieses Buch auch an interessierte Laien, an Paare auf dem Weg zu gelingender Elternschaft, die sich über die innovative Unterstützung der Väter informieren wollen.

P🕮V
Psychosozial-Verlag

Goethestr. 29 · 35390 Gießen · Tel. 06 41/ 9716903 · Fax 77742
bestellung@psychosozial-verlag.de
www.psychosozial-verlag.de

Generationenwandel des dritten Lebensalters – sozio-kulturelle Verjüngung in einer demografisch alternden Gesellschaft

François Höpflinger (Zürich)

Zusammenfassung

Das höhere Lebensalter unterliegt einem zweifachen Wandlungsprozess: Erstens erreichen neue Generationen, die sogenannten ›Baby-Boom‹-Generationen, ein höheres Lebensalter. Es sind Generationen, die andere Bildungs-, Lebens- und Freizeitinteressen aufweisen als frühere Generationen, was sich auf ihre späteren Lebensphasen auswirkt. Zweitens – mit dem Älterwerden der Baby-Boom-Generationen eng verbunden – setzen sich neue Modelle und Formen des Alterns durch. Entsprechend wird die zweite Lebenshälfte (50+) aktiver gestaltet, als dies früher der Fall war. Die Kombination des Alterns sozial und kulturell mobiler Generationen mit neuen Modellen aktiven und kompetenzorientierten Alterns führen zu einer verstärkten Dynamik der späteren Lebensphase, die historisch neu ist.

Stichworte: Alter, Generationenwandel, aktives Altern, Kohorteneffekte

Abstract: Ageing and generational change – new ageing of new generations

The later stages of life are rapidly changing as new generations (»baby-boomers«) become older. Having experienced a global youth culture, a higher level of education and increased individualism, the new generation of elderly women and men are also more active in their later stages of life. New models of ageing (and anti-ageing) reinforce the tendency of younger generations of the elderly to remain »youthful« as long as possible. This article discusses some main challenges arising from models of »youthful ageing«.

Keywords: ageing, generational change, active ageing, cohort effects

Die doppelte Dynamik heutigen Alterns

Die späteren Lebensphasen heutiger Menschen unterliegen einer doppelten Bewegung. In einem gewissen Maße kann von einer ›doppelten Revolution‹ des Alters gesprochen werden. Zum einen weisen neue Generationen älterer Menschen in mancherlei Hinsicht ein anderes Gesicht auf als frühere Rentnergenerationen, da die neuen Rentnergenerationen während ihrer Jugendjahre und in ihrem Erwachsenenalter andere gesellschaftliche Rahmenbedingungen erfahren haben als ihre Eltern. Neue Generationen älterer Männer und Frauen sind beispielsweise besser ausgebildet als frühere Rentnergenerationen, und mit dem Älterwerden der ersten Wohlstandsgenerationen (›Baby-Boom-Generationen‹), welche durch die Aufschwungsphase der Nachkriegsjahrzehnte geprägt wurden, treten auch im späteren Leben neue Wert- und Verhaltensweisen auf. Die sozialen, kulturellen und gesundheitlichen Befindlichkeiten jüngerer Generationen unterscheiden sich deshalb auch im höheren Lebensalter von früheren Generationen. Dies gilt namentlich für das sogenannte dritte Lebensalter (gesunde nachberufliche Lebensphase, die sogenannten ›Jungen Alten‹).

Zum anderen unterliegt heute das Altern einem raschen gesellschaftlichen Wandel, sei es, weil sich die Übergänge in die nachberufliche Lebensphase verändern, oder sei es, weil neue gerontologische Kompetenzmodelle neue Möglichkeiten zur aktiven Gestaltung späterer Lebensphasen eröffnen. Nachberufliche Lebens- und Wohnformen unterliegen damit einer verstärkten Dynamik, und Verhaltensweisen – wie Sexualität, Lernen, Verkehrsmobilität usw. – welche früher nur jüngeren Erwachsenen offen standen, werden zu den zentralen Voraussetzungen eines ›erfolgreichen Alterns‹ gezählt. Entsprechend wird die zweite Lebenshälfte aktiver gestaltet, als dies früher der Fall war. Gleichzeitig zeigt sich eine Tendenz, das ›Altsein‹ später anzusetzen oder gar zu bekämpfen, etwa im Rahmen von ›Anti-Ageing‹-Bestrebungen. Der rasche gesellschaftliche Wandel zwingt umgekehrt auch ältere Menschen zu einer permanenten Auseinandersetzung mit modernen Lebensformen und Technologien.

Die doppelte Dynamik des Alters hat drei grundlegende Konsequenzen:
➢ Erstens sagen Feststellungen, die über heutige ältere und betagte Menschen gemacht werden, wenig über die zukünftige Gestaltung des Alters aus. Entsprechend sind lineare Zukunftsszenarien zum Alter sozialplanerisch wenig sinnvoll. Vor allem die Kombination des Alterns sozial und kulturell mobiler Generationen mit neuen Modellen aktiven und kompetenzorientierten Alterns führt zu einer verstärkten Dynamik der späteren Lebensphase, die historisch neu ist.

➤ Zweitens kommt es zwar zu einer demografischen Alterung der Bevölkerung – durch niedrige Geburtenraten einerseits (demografische Alterung von unten) und erhöhte Lebenserwartung älterer Frauen und Männer andererseits (demografische Alterung von oben), aber dieser demografischen Alterung entspricht keine gesellschaftliche Alterung, sondern im Gegenteil – dank Ausdehnung eines jugendnahen Erwachsenenalters und aktiver Lebensgestaltung auch in der nachberuflichen Lebensphase – ergibt sich soziologisch gesehen eher eine sozio-kulturelle Verjüngung der Gesellschaft. In diesem Rahmen wird es fragwürdiger, das Alter 65 zur Definition der ›Altersbevölkerung‹ zu benützen.

➤ Drittens wissen jüngere Generationen, dass sie in mancherlei Hinsicht anders alt werden (müssen) als ihre Elterngeneration. Umgekehrt wissen ältere Generationen, dass ihre Erfahrungen für nachkommende Generationen nicht mehr bestimmend sein können. Dies wirkt sich auf die intergenerationellen Beziehungen zwischen erwachsenen Kindern und alternden Eltern aus, indem das Altern der eigenen Eltern für die nachkommende Generation zwar ein Prozess ist, der oft direkte Betroffenheit auslöst, gleichzeitig aber auch den Wunsch, anders alt zu werden.

Zum unterschiedlichen Lebensschicksal verschiedener Generationen

Menschen, die zu unterschiedlichen Zeiten geboren werden, erleben andere gesellschaftliche Lebensumstände und erfahren dadurch unterschiedliche Lebensschicksale. Oder in den Worten von Johann Wolfgang Goethe in seinem Einleitungswort zu ›Dichtung und Wahrheit‹: »... ein jeder, nur zehn Jahre früher oder später geboren, dürfte, was seine eigene Bildung und die Wirkung nach außen betrifft, ein ganz anderer geworden sein.« Prägend sind namentlich die sozialen Verhältnisse während der Kindheit, aber auch der Übergang in die Erwachsenenwelt wird wesentlich von sozialen und wirtschaftlichen Rahmenbedingungen (Wohlstand, Bildungssystem, wirtschaftlicher Konjunktur) beeinflusst. Dies kann sich auf spätere Lebensphasen auswirken. Frauen und Männer, die während ihrer Jugendjahre und ihrer Erwerbskarriere positive gesellschaftliche Rahmenbedingungen vorfanden, werden im Alter aktivere Lebens- und Wohnformen entwickeln als etwa Generationen, die in jungen Jahren durch Kriegs- und Krisenjahre gebeutelt wurden.

Lange Zeit wurde der Generationenwandel der zweiten Lebenshälfte unterschätzt. Erst allmählich wird erkannt, wie unterschiedlich verschiedene

Generationen ihr Alter erleben und erleben werden. Forschungsmethodisch bedeutet der Generationenwandel die anspruchsvolle Herausforderung, beim Vergleich von Altersgruppen zwischen den Auswirkungen des Lebensalters und den Auswirkungen des Generationenwandels – auch als Kohorteneffekt bezeichnet – zu unterscheiden.

Wenn beispielsweise viele 60-Jährige aktiv neue Informationstechnologien benützen, wogegen 80-Jährige hier zurückhaltender sind, hängt dies damit zusammen, dass Menschen im Alter mit neuen Technologien altersbedingt weniger gut umgehen können, oder spiegelt dies vielmehr eine späte generationelle Konfrontation mit diesen Technologien wider? Wenn 70-Jährige häufiger in die Kirche gehen als 50-Jährige, hängt dies damit zusammen, dass Menschen im höheren Lebensalter religiöser werden oder dass die 70-Jährigen noch Generationen angehören, für die traditionelle kirchliche Religiosität immer schon wichtig war?

Bei beiden angeführten Beispielen erweist sich der Generationenunterschied als bedeutsamer als der Alterseffekt. Vor allem ästhetische, religiöse, kulturelle und teilweise auch politische Werthaltungen ändern sich wenig mit dem Lebensalter, sie werden durch die Generationenzugehörigkeit mitgeprägt (Lalive d'Epinay et al. 2000). Die bis heute feststellbare Vernachlässigung von Kohorteneffekten bzw. des Generationenwandels in Diskussionen zu Altersfragen kann zu zwei Fehlinterpretationen führen:

➤ Erstens verleitet es zu linearen Zukunftsprojektionen: Die Situation der heute alten Menschen wird auch als Zukunft nachkommender Generationen wahrgenommen. Fehlende Beachtung von Kohorteneffekten führte etwa lange Zeit zu einer systematischen Unterschätzung der Lebenserwartung nachkommender Rentnergenerationen, wodurch die Zahl an hochaltrigen Menschen von über 90 Jahren in früheren Bevölkerungsszenarien unterschätzt wurde (Klein 2004).

➤ Zweitens kann es dazu beitragen, dass soziale Probleme dem Alter zugeschrieben werden, die mit dem Alter nichts zu tun haben. So wurde – da ältere Generationen zeitweise konservativer waren als jüngere Generationen – behauptet, dass Menschen mit steigendem Lebensalter beharrungswilliger und konservativer werden (was durch genaue Analysen widerlegt wurde, vgl. Brunner 1996). Die Beobachtung, dass nicht wenige alte Menschen einsam sind, wurde als Ergebnis des Alters und nicht der bisherigen Lebensgeschichte und Generationenprägung interpretiert (Lang 2007).

Deutliche Unterschiede sind namentlich zwischen Vorkriegs- und Nachkriegsgenerationen zu beobachten, da diese Generationen unter anderen wirtschaftlichen, sozialen und kulturellen Bedingungen aufwuchsen.

Die ersten Nachkriegsgenerationen (Baby-Boomers) Westeuropas[1] wuchsen in einer einmaligen Friedens- und Wohlstandsperiode auf. Entsprechend erwähnen in der Schweiz nur 22% der 1950–59 Geborenen, eine harte Jugend erlebt zu haben, im Vergleich zu gut 40% der zwischen 1920 und 1935 geborenen Personen (Höpflinger 2005). Die ›Baby-Boom-Generation‹ in Westeuropa ist eine Generation, die in ihren jungen Jahren außerordentlich stark von einer globalisierten Jugend- und Musikkultur geprägt wurde (Karl 2007, Stapferhaus Lenzburg 1997). Sie waren zur Zeit ihrer Jugend und ihres jungen Erwachsenenalters gleichzeitig mit der raschen Auflösung traditioneller familialer Werthaltungen konfrontiert, etwa bezüglich vorehelicher Sexualität und vorehelichen Zusammenlebens. Es ist diese Generation, welche die Auflösung des bürgerlichen Ehe- und Familienmodells nicht nur erlebt, sondern auch aktiv gefördert hat. Entsprechend haben sie weniger Kinder, aber andererseits mehr Scheidungen erlebt als ihre Elterngeneration. Während ihrer Jugend und ihres jungen Erwachsenenalters wandelten sich zudem die Vorstellungen zur Rolle der Frau. Die heute älter werdenden Frauen der ›Baby-Boom-Generation‹ gehören zu den ersten Generationen emanzipierter und selbstbewusster älterer Frauen.

Zusätzlich profitierten die Nachkriegsgenerationen von einer starken Expansion des Bildungssystems, wodurch Männer und Frauen dieser Generation weitaus häufiger eine höhere Fachausbildung oder ein universitäres Studium absolvieren konnten als ihre Eltern oder Großeltern. Während nur 14% der 1933–37 geborenen Personen der Schweiz eine tertiäre Ausbildung (Fachhochschule, Universität u.ä.) besuchten, waren dies schon 23% der 1948–1952 und 27% der 1953–1957 Geborenen. Ein analoger Kohortensprung der schulisch-beruflichen Bildung lässt sich für Deutschland feststellen. So haben 18% der 1945–52 Geborenen einen Abiturabschluss, gegenüber nur 10% der früher Geborenen (Karl 2007, 92). Von der Bildungsexpansion der Nachkriegsjahre profitierten – mit Zeitverzögerung – auch die Frauen. Die höhere schulisch-berufliche Bildung jüngerer Generationen führt auch bei der Teilnahme an Bildungsveranstaltungen in der zweiten Lebenshälfte zu einem ›Nachfragesprung‹ (Schröder u. Gillberg 2005).

Besser ausgebildete Generationen weisen mehr Karrierechancen auf. Verhältnismäßig viele Schweizer und Schweizerinnen sowie westdeutsche Frauen und Männer der Nachkriegsgenerationen konnten eine berufliche Aufwärts-

---

1 In zentral- und osteuropäischen Ländern – die nach 1945 in den Einflussbereich der Sowjet-Union fielen – verlief der Generationenwandel sachgemäß anders, und markante Generationendifferenzen zeigen sich vor allem zwischen langjährig staatssozialistisch geprägten Generationen und Generationen, die nach der Wende ihre Jugend und ihr frühes Erwachsenenalter erlebten. Kohortenanalysen für Deutschland sind entsprechend für West- und Ostdeutschland getrennt durchzuführen (Tesch-Römer et al. 2006).

mobilität – mit besseren Berufspositionen und höherem Einkommen – erleben (Joye et al. 2003, Motel-Klingebiel 2006). Die jüngeren Rentnergenerationen verfügen damit häufiger über Wohneigentum. So lag die Wohneigentumsquote 2002 in Deutschland bei den 60–69-Jährigen bei 54% (59% in Westdeutschland, 41% in Ostdeutschland) (Landesbausparkassen LBS 2006, 22). Da höhere Löhne mit höheren Rentenansprüchen verbunden sind, profitieren viele – wenn auch sicherlich nicht alle – Angehörige der Nachkriegsgenerationen im Alter von einer besseren wirtschaftlichen Absicherung, und die Zahl der Menschen, die sich einen Aufenthalt in einer luxuriösen Seniorenresidenz leisten können, ist ansteigend. Nicht selten profitieren jüngere Generationen in der zweiten Lebenshälfte von substanziellen Erbschaften. Der Anteil der 55–69-Jährigen, die in Deutschland eine Erbschaft von 2.500 Euro und mehr erhielten, lag 2002 in Westdeutschland bei 55%, (Ostdeutschland 2002: 31%) (Motel-Klingebiel 2006, 203).

Da körperlich harte Arbeiten in Landwirtschaft und Industrie seltener wurden, leiden weniger Frauen und Männer dieser Generation im höheren Lebensalter an vorzeitigen körperlichen Abbauerscheinungen. Die Baby-Boomers erreichen das Rentenalter vielfach in besserer Gesundheit als ihre Eltern. So weisen die Ergebnisse der deutschen Alterssurveys 1996 und 2002 »bereits für einen Kohortenunterschied von nur sechs Jahren darauf hin, dass nachfolgende Geburtskohorten weniger Erkrankungen haben als vor ihnen geborene« (Wurm u. Tesch-Römer 2006, 370).

Gleichzeitig sind diese Generationen in ihren Lebens- und Konsumbedürfnissen anspruchsvoller und wählerischer. Ihre Konsumwerte unterscheiden sich in wesentlichen Aspekten von früheren Generationen. Ein Vergleich von 1930–36 Geborenen (»Swing-Generation«) und von 1950–1956 Geborenen (»Baby-Boomer«) in der Schweiz lässt beispielsweise erkennen, dass die jüngere Generation weniger auf Ordnung ausgerichtet ist, sich jedoch im Vergleich zur älteren Generation stärker ›aus dem Bauch‹ entscheidet (Spichiger 2006). Spontaneität und Emotionalität – beim Einkaufen, aber auch beim Wohnen – sind bei der Nachkriegsgeneration wichtiger als bei der Vorkriegsgeneration. Deshalb sind ansprechende Eindrücke und Farben für Baby-Boomers wichtiger, wogegen die Vorkriegsgeneration stärker auf den Preis fixiert bleibt.

Mit dem Älterwerden der ersten Nachkriegsgenerationen – die in ihren jungen Jahren von einer globalen Jugendbewegung beeinflusst wurden – treten in der nachberuflichen Lebensphase aktivere Verhaltensformen auf. Der ›Ruhestand‹ entwickelt sich häufiger zum ›Unruhestand‹, wobei namentlich die Frauen der ersten Nachkriegsgeneration selbstbewusster und eigenständiger sind als etwa ihre Mütter. Jüngere Rentnergenerationen sind auch stärker als frühere Generationen daran gewöhnt, in einer mobilen und ständig sich ändernden globalen Gesellschaft zu leben, wodurch sie häufiger auch im späteren Lebensalter innovativ und lernbereit bleiben. Während 1999/2000 in der Schweiz erst 15% der 60–64-Jährigen einen Internet-Anschluss besaßen, waren es 2003 schon 41% und 2008 gar 64%. 2008 besaß selbst die Mehrheit der 65–69-Jährigen zu Hause einen Anschluss an das globale Informationsnetzwerk. Auf der anderen Seite haben berufliche und betriebliche Umstrukturierungen wie auch Fragen einer vorzeitigen Pensionierung die Baby-Boom-Generationen in ihren späten Erwerbsjahren stärker berührt, als dies bei ihrer Vorgängergeneration der Fall war. Ebenso zeigen sich für die Baby-Boom-Generation die Grenzen des Wohlfahrtsstaats schärfer als für ihre Eltern, weil gerade das Altern dieser Generation entscheidend zur demografischen Alterung beiträgt bzw. beitragen wird.

Neuere Generationen älterer Menschen haben somit in Beruf, Freizeit, im häuslichen Alltag und in öffentlichen Bereichen andere Wohn- und Mobilitätserfahrungen erlebt, andere Kompetenzen erworben und entsprechend andere Erwartungen und Verhaltensweisen entwickelt als frühere Generationen: »Diese Erfahrungen dürften nicht nur zu einer hohen Offenheit gegenüber technischen Neuerungen, sondern auch zu steigenden Ansprüchen an allgemeine Wohnstandards, alternative Wohnformen, Medien und Dienstleistungsangebote, an Barrierefreiheit innerhalb und außerhalb der Wohnung und auf die allgemeine Zugänglichkeit von Außenbereichen führen. Ihre Erwartungen dürften sich auch auf eine formschönere, nicht altersdiskriminierende Gestaltung alltäglicher Dinge, von Möbeln über technische Hilfen bis hin zu neuen unterstützenden Fahrhilfen, auf die Verbindung von Ästhetik und Funktion, von Nützlichkeit und Komfort sowie Sicherheit und Herausforderung erstrecken. Aufgrund erhöhter beruflicher, alltäglicher und Freizeitmobilität werden zukünftige Ältere vermutlich auch weniger traditionell nach innen, auf das Private hin und stärker nach außen, auf das Öffentliche hin ausgerichtet sein, mehr innovative Strategien und Experimentierfreudigkeit entwickeln und durch die neuen Möglichkeiten, die sich ihnen bieten, auch eine Vielfalt individueller Drinnen- und Draußen-Orientierungen ausbilden« (Mollenkopf et al. 2007, 375).

Neue Modelle des Alterns – für neue Generationen im Alter

Der angeführte Generationenwandel der zweiten Lebenshälfte wird durch die Tatsache verstärkt, dass auch die späteren Lebensphasen (späte Familien- und Berufsphasen und nachberufliches Leben) einem ausgeprägten gesellschaftlichen Wandel unterliegen. Durch ein gesundheitsförderndes Verhalten (angemessene Ernährung und genügend Bewegung, aber auch durch gute soziale Kontakte und regelmäßiges Gedächtnistraining usw.) kann die gesunde Lebenserwartung bis weit ins Rentenalter hinein ausgedehnt werden. Während früher das Altern passiv hingenommen werden musste, wird das Altern heute vermehrt als Prozess verstanden, der aktiv gestaltbar ist, wie gerontologische Konzepte zur Plastizität des Alters andeuten. Gerade bei den Baby-Boom-Generationen berühren die – zuerst bei jungen Erwachsenen beobachtbaren – Prozesse von Individualisierung, Pluralisierung und Dynamisierung von Lebensvorstellungen und Lebensverläufen immer stärker auch die späteren Lebensphasen. Ausdruck davon sind etwa zunehmende Scheidungsraten bei langjährigen Paaren, vermehrte Häufigkeit von Zweitbeziehungen im Alter, aber auch eine steigende Zahl über 50-jähriger Berufswechsler.

Auch die Wohnmobilität älterer Menschen hat sich in den letzten Jahrzehnten erhöht. So stieg in der Schweiz der Anteil von Haushalten mit Referenzpersonen im Alter von 60 bis 74 Jahren, die innerhalb der letzten 5 Jahre ihren Wohnort wechselten, zwischen 1970 und 2007 von 8% auf gut 20% (Höpflinger 2008). Ein Wohnortswechsel vor oder nach der Pensionierung ist somit bei jüngeren Generationen von Altersrentnern häufiger als bei früheren Generationen. Dabei wird – mit Ausnahme von Migranten, die in ihr Herkunftsland zurückkehren – häufig ein regionaler Wohnortswechsel gewählt, wie eine deutsche Studie belegt: »Die meisten Umzügler ziehen innerhalb ihres gewohnten Alltagsradius um. Der oft diskutierte Trend, dass die Älteren grundsätzlich vom Land in Richtung Stadt ziehen, lässt sich empirisch nicht nachweisen. Bei den Generationen 50+ spielen die Netzwerke (Bekannte und Freunde), die man über Jahre aufgebaut hat, eine große Rolle. Um auf diese Netzwerke nicht verzichten zu müssen, werden Objekte und Standorte gesucht, die die Nähe zu den Netzwerken aufrechterhalten« (Landesbausparkassen LBS 2006, 38).

Nicht bei allen, aber bei einer größeren Gruppe älterer Frauen und Männer führen neue Modelle eines aktiven und kreativen Alterns auch zu einer bedeutsamen Neugestaltung der nachberuflichen Lebensphase, namentlich was das ›dritte Lebensalter‹, das gesunde Rentenalter, betrifft. Der Lebensstil 65- bis 74-jähriger Menschen, teilweise auch der von über 75-jährigen Menschen, hat sich in der Schweiz seit den 1980er Jahren in Richtung einer mehr aktiven Lebensgestaltung verschoben. Der Anteil älterer Menschen, die nach der Pensionierung einen passiven oder zurückgezogenen Lebensstil führen, ist gesunken (Lalive d'Epinay et al. 2000). In Deutschland ist dieser Trend – soweit ersichtlich – (noch) weniger ausgeprägt. Analysen zur Freizeit lassen wenig neue Muster erahnen, sondern sichtbar wird vielmehr eine Polarisierung in Aktive und Inaktive (Künemund 2007).

Wo sich allerdings klare Veränderungen des dritten Lebensalters zeigen, ist im Verkehrs- und Reiseverhalten: So können nach den Ergebnissen des Mikrozensus 2005 zum Verkehrsverhalten über 80% der 65–79-Jährigen in der Schweiz als verkehrsmäßig mobil eingestuft werden (Bundesamt für Statistik, Bundesamt für Raumentwicklung 2007). Tatsächlich verbringen mehr ältere Menschen kürzere oder längere Zeit fern von ihrem Wohnort, eine Entwicklung, die dazu geführt hat, dass »reisende Senioren« gerade zur ›Inkarnation‹ eines aktiven Alters geworden sind (Rammler u. Dienel 2001). Vor allem im gesunden Rentenalter sind ältere Frauen und Männer heute sehr verkehrsmobil, wobei sich die mobilitätsbezogenen Lebensstilmuster speziell in den ersten Jahren nach der Pensionierung deutlich diversifizieren (Tschannen et al. 2007). Das private Automobil wurde auch für ältere Menschen immer wichtiger. Während in der deutschsprachigen Schweiz 1978 erst ein Viertel (25%) der über 64-jährigen Menschen über ein privates Auto verfügte, waren es 2008 schon zwei Drittel (65%). Parallel dazu hat sich auch der Besitz eines Führerscheins bei älteren Menschen deutlich erhöht. Besaßen 1974 erst 39% der 65-jährigen und älteren Männer einen Führerschein, waren es 2005 schon 80% (Infanger u. Marconi 2007). Bei den 45–65-jährigen Männern – den zukünftigen Altersrentnern – sind es sogar 95%.

Vorläufig ist ein Führerschein bei älteren Frauen noch weniger häufig (44% bei den über 65-jährigen Frauen), aber bei den nachkommenden Generationen schließt sich die Lücke, und 81% der 45–65-jährigen Frauen besitzen ihren eigenen Führerschein.

Die Verfügbarkeit über ein privates Automobil weist einen bedeutsamen Einfluss auf die Zufriedenheit mit der Mobilität im Alter auf: »Bei Personen, die (noch) aktiv Auto fahren, geht die Zufriedenheit mit den Möglichkeiten, sich außerhalb der Wohnung fortzubewegen, auch im hohen Alter und bei eingeschränkter Bewegungsfähigkeit kaum zurück, während sie mit steigendem Alter und wachsenden Beeinträchtigungen merklich abnimmt, wenn ein solches Kompensationsmittel nicht zur Verfügung steht« (Mollenkopf et al. 2007, 373, Mollenkopf et al. 2004).

Die neuen Modelle aktiven, erfolgreichen, kreativen und produktiven Alterns haben jedoch nicht dazu beigetragen, dass traditionelle Defizit-Vorstellungen zum Alter verschwanden. Vielmehr ist zu beobachten, dass sich Menschen länger als jugendlich und später als alt einschätzen. Festzustellen ist nicht eine erhöhte Akzeptanz des Alters, sondern eher eine Veränderung der Verhaltensweisen älterer Menschen in Richtung eines ›jüngeren Verhaltens‹. So gehört es heute zur Norm, sich auch im Rentenalter modisch zu kleiden. Der Anteil 50–80-jähriger Menschen, die sich nach eigenen Angaben unauffällig kleiden, sank nach einer Marktstudie zwischen 1991 und 2000 von 63% auf 49% (Ernest Dichter 2000). Entsprechend werden Frauen und Männer heute später zur älteren Bevölkerung gezählt. In einer 1995 durchgeführten Befragung von Schweizer Stimmbürgern waren noch 64% der Befragten der Ansicht, eine Frau sei schon vor dem 70. Altersjahr ›alt‹, und nur 25% waren damals der Ansicht, das Alter beginne später. 2004 waren es jedoch schon 58%, welche die Einstufung ›alt‹ erst ab dem 70. Lebensjahr vornahmen. In der Wahrnehmung der Bevölkerung beginnt das Alter später, und tatsächlich zeigt sich eine deutliche sozio-kulturelle Verjüngung neuer Rentnergenerationen (was eine Gleichsetzung von demografischer Alterung und gesellschaftlicher Überalterung grundsätzlich in Frage stellt).

Die Ausdehnung einer teilweise auf jung ausgerichteten Lebensweise bis weit ins Rentenalter führt allerdings zu zwei gegensätzlichen Trends:

Einerseits entstehen dadurch vermehrte Möglichkeiten, sich auch in der zweiten Lebenshälfte neu auszurichten. Die Pensionierung bedeutet nicht mehr Ruhestand und Rückzug, sie ist eine Lebensphase mit vielfältigen und bunten Möglichkeiten, um sich beispielsweise auch wohnungsmäßig neu einzurichten. Das Alter ist keine Phase nur von Defiziten und Verlusten, sondern auch eine Phase, wo sich neue Chancen ergeben und bisher vernachlässigte Kompetenzen – etwa bezüglich sozialer Kontakte, Gartenarbeiten, Bildung usw. – gelebt werden können.

Andererseits entstehen damit neue soziale Zwänge, das sichtbare körperliche Alter zu verdrängen oder gar zu bekämpfen. Lebenslanges Lernen, möglichst lange Aktivität, aber auch ein möglichst langer Erhalt der körperlichen Gesundheit und Fitness werden zu neuen Normvorstellungen eines ›erfolgreichen Alterns‹. Die ›Anti-Ageing‹-Bewegung – als Bestrebung, das körperliche Altern aufzuhalten oder zumindest zu verzögern – verstärkt den Druck, sich möglichst lange ›jung‹ zu geben.

Die erhöhte Dynamik der zweiten Lebenshälfte beinhaltet zudem eine verstärkte Heterogenität von Alternsprozessen. In einer dynamischen Gesellschaft verlaufen biologische, psychische und soziale Prozesse des Alterns sehr unterschiedlich. Grundmerkmale des Alterns von Heute sind die ausgeprägten Unterschiede zwischen gleichaltrigen Menschen. Dies hat zum einen mit der enormen wirtschaftlichen Ungleichheit bei älteren Menschen zu tun. Neben einer wachsenden Zahl wohlhabender älterer Menschen finden sich weiterhin einkommensschwache Personen. Der Trend zu einem aktiven und sozio-kulturell verjüngten Alter vergrößert die Unterschiede zum anderen in psychischer und sozialer Hinsicht: Während die Einen sich aktiv um Gestaltung und Planung des Alters kümmern, erleben Andere ihr Altern weiterhin als unausweichliches Schicksal. Entsprechend ihren bisherigen Lebenserfahrungen gehen Menschen mit ihrem Altern unterschiedlich um, und je nach beruflichen, familialen und sozialen Erfolgen bzw. Misserfolgen weist die zweite Lebenshälfte eine andere Prägung auf. Menschen werden mit steigendem Lebensalter nicht gleicher, sondern ungleicher. Dies ist ein

Punkt, der von der differenziellen Gerontologie schon seit Jahren betont wird (Wahl u. Mollenkopf 2007).

Literatur

Brunner M (1996) Age et politique. Le comportement politique des personnes âgées en Suisse, Etudes et recherches No. 34, Genève: Dép. de Science Politique de l'Université de Genève.

Bundesamt für Statistik, Bundesamt für Raumentwicklung (2007) Mobilität in der Schweiz. Ergebnisse des Mikrozensus 2005 zum Verkehrsverhalten, Neuchâtel (BFS).

Ernest Dichter SA, Institut für Motiv- und Marktforschung (2000) Senioren 2000. Eine neue Generation auf dem Weg zur Selbstverwirklichung, Zürich (Ernest Dichter SA).

Höpflinger F (2005) Zum Generationenwandel der zweiten Lebenshälfte – neues Altern in einer dynamischen Gesellschaft. In: Clemens W, Höpflinger F, Winkler R (Hg) Arbeit in späteren Lebensphasen. Sackgassen, Perspektiven, Visionen, Bern (Haupt) 97–125.

Höpflinger F (2008) Die zweite Lebenshälfte – Lebensperiode im Wandel. In: Huber A (Hg) Neues Wohnen in der zweiten Lebenshälfte, ETH-Wohnforum, Edition Wohnen 2, Basel (Birkhäuser) 31–42.

Infanger K, Marconi D (2007) Mobilität und demografischer Wandel. Bern (Forum für Raumentwicklung).

Karl F (2007) Alternsforschung: Brückenschlag zu den Jugendstudien der 1950 und 1960er Jahre? In: Wahl HW, Mollenkopf H (Hg) Alternsforschung am Beginn des 21. Jahrhunderts. Berlin (AKA Verlag) 83–98.

Klein T (2004) Lebenserwartung – gesellschaftliche und gerontologische Bedeutung eines demografischen Konzepts. In: Kruse A, Martin M (Hg) Enzyklopädie der Gerontologie. Alternsprozesse in multidisziplinärer Sicht. Bern (Huber) 66–81.

Künemund H (2007) Freizeit und Lebensstile älterer Frauen und Männer – Überlegungen zur Gegenwart und Zukunft gesellschaftlicher Partizipation im Ruhestand, in: Pasero U, Backes GM, Schroeter KR (Hg) Altern in Gesellschaft. Ageing – Diversity – Inclusion, Wiesbaden (VS Verlag für Sozialwissenschaften) 231–240.

Joye D, Bergman MM, Lambert PS (2003) Intergenerational Educational and Social Mobility in Switzerland. Schweizerische Zeitschrift für Soziologie 29(2): 263–291.

Lalive d'Epinay Ch, Bickel J-F, Maystre C, Vollenwyder N (2000) Vieillesses au fil du temps 1979–1994. Une révolution tranquille. Lausanne (Réalités Sociales).

Landesbausparkassen LBS (2006) Die Generation über 50. Wohnsituation, Potenziale und Perspektiven. Berlin.

Lang FR (2007) Motivation, Selbstverantwortung und Beziehungsregulation im mittleren und höheren Erwachsenenalter. In: Wahl HW, Mollenkopf H (Hg) Alternsforschung am Beginn des 21. Jahrhunderts. Alterns- und Lebenslaufkonzeptionen im deutschsprachigen Raum. Berlin (Akademische Verlagsgesellschaft) 307–322.

Mollenkopf H, Oswald F, Wahl HW (2007) Neue Person-Umwelt-Konstellationen im Alter: Befunde und Perspektiven zu Wohnen, außerhäuslicher Mobilität und Technik. In: Wahl HW, Mollenkopf H (Hg) Alternsforschung am Beginn des 21. Jahrhunderts. Alterns- und Lebenslaufkonzeptionen im deutschsprachigen Raum. Berlin (Akademische Verlagsgesellschaft) 361–380.

Motel-Klingebiel A (2006) Materielle Lagen älterer Menschen – Verteilungen und Dynamiken in der zweiten Lebenshälfte. In: Tesch-Römer C, Engstler H, Wurm S (Hg) Altwerden in Deutschland. Sozialer Wandel und individuelle Entwicklung in der zweiten Lebenshälfte. Wiesbaden (VS Verlag für Sozialwissenschaften) 155–230.

Rammler S, Dienel HL (2001) Zwischen Butterbrot und Wellness – Zur Entwicklung des Reisens im Alter. In: Flade A, Limbourg M, Schlag B (Hg) Mobilität älterer Menschen, Opladen (Leske + Budrich) 183–198.

Schröder H, Gillberg R (2005) Weiterbildung Älterer im demographischen Wandel. Empirische Bestandsaufnahme und Prognose, Bielefeld (Bertelsmann).

Spichiger P (2006) BabyBoomer. gfs-Zürich, Markt- & Sozialforschung (mimeo.)

Stapferhaus Lenzburg (Hg) (1997) A walk on the wild side. Jugendszenen der Schweiz von den 30er Jahren bis heute. Zürich (Chronos).

Tesch-Römer C, Engstler H, Wurm S (Hg) (2006) Altwerden in Deutschland. Sozialer Wandel und individuelle Entwicklung in der zweiten Lebenshälfte. Wiesbaden (VS Verlag für Sozialwissenschaften).

Wahl HW, Mollenkopf H (Hg) (2007) Altersforschung am Beginn des 21. Jahrhunderts. Alterns- und Lebenslaufkonzeptionen im deutschsprachigen Raum. Berlin (Akademische Verlagsgesellschaft).

Wurm S, Tesch-Römer C (2006) Gesundheit, Hilfebedarf und Versorgung. Iin: Tesch-Römer C, Engstler H, Wurm S (Hg) Altwerden in Deutschland. Sozialer Wandel und individuelle Entwicklung in der zweiten Lebenshälfte. Wiesbaden (VS Verlag für Sozialwissenschaften) 329–383.

Korrespondenzadresse:
Prof. Dr. François Höpflinger
Soziologisches Institut
Andreasstr. 15
CH–8050 Zürich-Oerlikon,
E-Mail: *hoepflinger@bluemail.ch*

Die Rolle motivationaler Ressourcen im 6. Lebensjahrzehnt und ihre Förderung in der Psychotherapie

Simon Forstmeier und Andreas Maercker (Zürich)

Zusammenfassung

Motivationale Ressourcen sind Selbstregulationsfähigkeiten, mit denen ein Individuum selbststeuernd auf den eigenen motivationalen Zustand Einfluss nehmen kann. Gerade die im 6. Lebensjahrzehnt auftretenden kritischen Lebensereignisse stellen eine Herausforderung an die Anpassungs- und Selbstregulationsfähigkeit des älter werdenden Menschen dar. In diesem Beitrag werden zunächst empirische Befunde zusammengefasst, die zeigen, dass motivationale Ressourcen für die emotionale, körperliche und kognitive Gesundheit sowie das Erreichen von Therapiezielen wichtig sind. Im Zentrum des Artikels stehen konkrete Behandlungsstrategien zur Förderung wichtiger motivationaler Fähigkeiten, nämlich der Entscheidungsregulation, Aktivierungsregulation und Motivationsregulation. Eine Interventionsstudie vergleicht zwei Altersgruppen (18–49 und 50–64 Jahre), wie sehr beide von einer gezielten Förderung dieser motivationalen Ressourcen profitieren und wie sehr der Therapieerfolg in beiden Altersgruppen dadurch verbessert werden kann. Auch im 6. Lebensjahrzehnt können motivationale Fähigkeiten gefördert und der Therapieerfolg dadurch bedeutsam erhöht werden, wenn auch in einem etwas geringeren Ausmaß als im jüngeren Erwachsenenalter.

Stichworte: Motivation, Ressourcen, Selbstregulation, Volition, Psychotherapie im Alter

Abstract: The role of motivational resources in the 6th decade of life and their enhancement in psychotherapy

Motivational resources are self-regulation abilities by which an individual is able to influence his/her own motivational state. Especially the critical life events occurring in the 6th decade of life represent a challenge to the adaptability and self-regulation ability of the aging individual. In this paper, we first summarize empirical evidence showing that motivational resources are important for the emotional, physical and cognitive health, as well as for the implementation of important therapy goals. In the main part of the article, specific treatment strategies for enhancing important motivational skills are described, namely decision regulation, activation regulation and motivational regulation. An intervention study compares two age groups (18–49 and 50–64 years old) as to how much both groups benefit from a training of these motivational resources and how the overall treatment outcome could be improved. In the 6th decade of life motivational skills can also be enhanced and treatment outcome can be significantly increased, albeit to a somewhat lesser extent than in younger adulthood.

Key words: motivation, resources, self-regulation, volition, psychotherapy with the elderly

Einleitung

In einem kürzlich erschienenen Überblick über Themen der psychologischen Alternsforschung werden motivationale Prozesse bei der Entwicklung der Persönlichkeit in der zweiten Lebenshälfte als eines der Kernthemen benannt (Wahl et al. 2008). Viele empirische Befunde weisen darauf hin, dass motivationale Ressourcen mit zunehmendem Alter vielfach mit Gewinnen und weniger mit Verlusten einhergehen.

Definition motivationaler Ressourcen

Recht verschiedene Konstrukte sind Gegenstand der Motivationspsychologie, unter anderem sind es Ziele, intrinsische vs. extrinsische Motivation, Interessen, Attribution, Selbstwirksamkeit, Selbstregulation und Volition (d.h. Prozesse der Willensbildung). In diesem Artikel werden unter motivationalen Ressourcen die Selbstregulationsfähigkeiten verstanden, mit denen ein Individuum selbststeuernd auf den eigenen motivationalen Zustand Einfluss nehmen kann.

In der Theorie der Selbstregulation spezifiziert Kuhl (1996) verschiedene volitionale Kompetenzen, mittels derer eine Person selbststeuernd auf verschiedene andere psychische Subsysteme (z.B. der Emotion, Motivation oder Aufmerksamkeit) einwirken kann. Drei motivationale Ressourcen sollen hier näher betrachtet werden, nämlich die:

➤ Entscheidungsregulation (d.h. die Fähigkeit, schnell zu einer selbst-kongruenten Entscheidung zu kommen), die

➤ Aktivierungsregulation (d. h. die Fähigkeit, sich zum Starten einer Handlung zu aktivieren) und die
➤ Motivationsregulation (d. h. die Fähigkeit, bei Schwierigkeiten in der Handlungsausführung die Motivation wieder aufzubauen).

Wichtigkeit motivationaler Ressourcen im 6. Lebensjahrzehnt

Altern ist verbunden mit verschiedenen Veränderungen des Körpers (z. B. Beginn chronischer Erkrankungen), der kognitiven Leistung (z. B. Nachlassen der Arbeitsgeschwindigkeit), der sozialen Rollen (z. B. Großelternschaft, Arbeitsverlust) und sozialen Beziehungen (z. B. Verlust von nahen Personen). Solche Veränderungen oder Lebensereignisse, an die sich alternde Menschen anpassen müssen, geschehen selbstverständlich bereits im 6. Lebensjahrzehnt.

Modelle und Befunde der Gerontopsychologie weisen auf die wichtige Rolle motivationaler Ressourcen in diesen Anpassungsprozessen hin. Nach dem Modell der selektiven Optimierung mit Kompensation (SOK-Modell von Baltes u. Carstensen 1996) werden psychologische Anpassungsprozesse durch drei Komponenten erreicht: Selektion, Optimierung und Kompensation. Selektion bezieht sich auf die Auswahl und Neuanpassung von Zielen und Verhaltensbereichen im Sinne der Eingrenzung der Anzahl möglicher Alternativen, der Konzentrierung auf begrenzte Ressourcen sowie auf Spezialisierungen. Optimierung bezieht sich auf die Stärkung und Nutzung vorhandener zielrelevanter Handlungsmittel und Ressourcen. Kompensation zielt auf die Schaffung, das Training und die Nutzung neuer Handlungsmittel, um Verlusten und Einschränkungen entgegenzuwirken. Die Kompensation wird dann erforderlich, wenn Fähigkeiten und Fertigkeiten ganz oder teilweise verloren gehen, das damit verbundene Ziel jedoch beibehalten werden soll. Die meisten Menschen im 6. Lebensjahrzehnt besitzen eine beträchtliche mentale Reserve, die durch Übung und Lernen aktiviert werden kann, z. B. in den Bereichen Gedächtnis, soziale Kompetenz, Aktivitäten des Alltagslebens und Adaptation an chronische Krankheiten.

Im Folgenden soll die Wichtigkeit motivationaler Ressourcen für die emotionale, körperliche und kognitive Gesundheit sowie das Erreichen von Therapiezielen beschrieben werden.

Gesundheit

Emotionale Gesundheit: Einige Studien haben gezeigt, dass das Ausmaß motivationaler Ressourcen zur Vorhersage des emotionalen Wohlbefindens dienen kann (Forstmeier et al. 2005; Forstmeier u. Maercker, angenommen). Motivationale Ressourcen sind bei einer Reihe von Ängsten und affektiven Störungen beeinträchtigt. Ist die Fähigkeit zur motivationalen Selbstregulation eingeschränkt, so erhöht sich die Wahrscheinlichkeit der Entwicklung einer Depression, was in einer Längsschnittstudie nachgewiesen wurde.

Körperliche Gesundheit: Je besser bei einer Person die motivationale Selbstregulation funktioniert, desto leichter kann sie sich von Stress erholen. Dies hat natürlich langfristig Auswirkungen auf stressbezogene Krankheiten. Das Gesundheitsverhalten ist ebenfalls stark abhängig von motivationalen Ressourcen einer Person, z.B. was das Rauchverhalten, den Konsum von Alkohol, das Schlaf-und Ernährungsverhalten und die körperliche Bewegung betrifft. Prospektive Studien zeigen, dass motivationale Ressourcen eine protektive Wirkung auf die körperliche Gesundheit, insbesondere auf kardiovaskuläre Erkrankungen haben.

Kognitive Gesundheit: Motivationale Ressourcen können auch zur Vorhersage der kognitiven Leistung im Alter herangezogen werden. In einer eigenen Studie konnten wir zeigen, dass die motivationalen Fähigkeiten einer Person in der Mitte ihres Lebens eine Aussage über die kognitiven Funktionen im Alter ermöglichen (Forstmeier u. Maercker, angenommen). Mit dem Konzept der motivationalen Reservekapazität nimmt man an, dass motivationale Fähigkeiten und Aktivitäten während des Lebens zu einer effizienteren Nutzung von neuronalen Netzwerken führt und dadurch beeinträchtigte Netzwerke kompensiert werden. Die Auswirkungen motivationaler Ressourcen auf kognitive Leistungen wurden bisher sorgfältig nur bei jungen Menschen untersucht (schulische und akademische Leistungen). Deshalb ist noch Forschung nötig, um klare Schlussfolgerungen über ihre positive Wirkung auf die kognitive Gesundheit im 6. Lebensjahrzehnt treffen zu können.

Erreichen von Therapiezielen

Es ist naheliegend, dass eine Person, die leicht Entscheidungen trifft (Entscheidungsregulation), die sich zügig an die Umsetzung ihrer Absichten macht (Aktivierungsregulation) und die sich bei Schwierigkeiten in der Umsetzung dieser Absichten wieder selbst motiviert, um das Ziel dennoch zu erreichen (Motivationsregulation), auch leichter als andere ihre Therapieziele erreichen kann. Dies haben empirische Studien belegt. Je mehr motivationale Ressourcen jemand am Anfang einer psychosomatischen Rehabilitationsbehandlung oder einer Psychotherapie aufweist, desto erfolgreicher schließt er sie ab (Forstmeier u. Rüddel 2004).

Es konnte ebenso belegt werden, dass durch eine psychotherapeutische

Behandlung motivationale Ressourcen zu einem gewissen Grad gefördert werden können. Dabei spielt es keine Rolle, ob es sich um eine psychoanalytische oder verhaltenstherapeutische Behandlung handelt (Forstmeier u. Rüddel 2004). Der Therapieerfolg hängt entscheidend davon ab, wie sehr sich die motivationalen Fähigkeiten während der Behandlung verbesserten.

Könnte der Therapieerfolg noch weiter verbessert werden, wenn motivationale Ressourcen in einer Psychotherapie gezielt gefördert werden könnten? Im folgenden Abschnitt sollen Strategien beschrieben werden, die sich zu diesem Zweck eignen. Im letzten Abschnitt dieses Artikels wird eine Studie dargestellt, in der eine Gruppenintervention zur Förderung motivationaler Fähigkeiten evaluiert wird (Forstmeier u. Rüddel 2007).

Förderung motivationaler Ressourcen

Die Gruppentherapie zur Förderung volitionaler Kompetenzen hat nicht nur als Ziel die Verbesserung von motivationalen Fähigkeiten, sondern auch von Emotionsregulation, Aufmerksamkeitsregulation, Planungsfertigkeit, Impulskontrolle und von weiteren volitionalen Kompetenzen (Forstmeier u. Rüddel 2002). Hier werden nur Interventionen genannt, die im Zusammenhang zu motivationalen Ressourcen stehen.

Formulieren konkreter Ziele

Das Formulieren konkreter Ziele ist eine wichtige Grundlage für alle weiteren Interventionen, da motivationale Ressourcen immer an für den einzelnen Patienten relevanten Zielen geübt werden. Dies kann in zwei Schritten geschehen: Zunächst sammeln die Patienten alle Ziele und Wünsche, die ihnen im Moment in den Sinn kommen, ohne sie zu bewerten. Anhand der von den Patienten genannten Ziele werden die Unterschiede zwischen allgemeinen und konkreten Zielen herausgearbeitet sowie die Vorteile von konkreten Zielen. Anhand eines Beispiels wird dann demonstriert, wie aus einem allgemeinen Ziel mehrere konkrete Teilziele abgeleitet werden können. Wenn die Patienten dies verstanden haben, konkretisieren sie auf einem Arbeitsblatt eines ihrer persönlichen allgemeinen Ziele. Folgende Fragen helfen dabei: Welche konkreten kleineren Veränderungen im Verhalten, Denken usw. (Teilziele) führen zu diesem Ziel? Wie kann ich dazu beitragen, dass ich das Ziel erreiche? Was wird konkret passieren oder sich verändern, wenn das Ziel erreicht ist?

Motivationswahrnehmung

Um die eigene Motivation gezielt beeinflussen zu können, benötigen Patienten zunächst die Fertigkeit, sowohl ihre aktuelle als auch ihre grundsätzliche Motivation wahrnehmen zu können. Zur *Wahrnehmung der gegenwärtigen Motivation* kann eine Wahrnehmungsübung durchgeführt werden, ähnlich wie es zum Training der Gefühlswahrnehmung hilfreich ist. Dabei wird die Aufmerksamkeit zunächst auf Geräusche geleitet, dann auf die Körperempfindungen und schließlich auf den motivationalen Zustand (»Ich spüre die Wünsche, Sehnsüchte oder Interessen, die ich jetzt im Moment habe. Sind es mehrere Wünsche oder ein bestimmter? Wie deutlich sind mir diese Wünsche oder Interessen jetzt im Moment, wie intensiv sind sie?«). Als Übungen zwischen den Sitzungen wird neben der Wahrnehmungsübung das befristete Führen eines Motivationstagebuches empfohlen (»Welchen Drang, welches Bedürfnis, welches Interesse, welches Ziel, welchen Wunsch usw. habe ich jetzt gerade?« Diese Fragen gilt, es ein- bis dreimal am Tag zu beantworten).

Zur *Wahrnehmung der grundsätzlichen Motivation* führt der Patient anhand eines Arbeitsblattes eine Motivationsanalyse durch. Diese ist sehr zeitintensiv und setzt eine hohe Reflexionsfähigkeit des Patienten voraus. Sie ist daher nicht für jeden Patienten geeignet.

Folgende Fragen eignen sich unter anderem für eine Motivationsanalyse:

(1) Motive und Bedürfnisse:
➤ Welche physischen Bedürfnisse spielen in meinem Leben eine besondere Rolle? Wie stark?
➤ Welche Sicherheitsbedürfnisse spielen in meinem Leben eine besondere Rolle? Wie stark?
➤ Welche Zugehörigkeitsbedürfnisse spielen in meinem Leben eine besondere Rolle? Wie stark?
➤ Welche Macht- oder Kontrollbedürfnisse spielen in meinem Leben eine besondere Rolle? Wie stark?
➤ Welche Leistungsbedürfnisse spielen in meinem Leben eine besondere Rolle? Wie stark?

(2) Interessen und Vorlieben (bezüglich der Lebensbereiche Beruf/Ausbildung, Partnerschaft, Kinder, Freundeskreis, Freizeit/Hobby/Urlaub, Spiritualität/ Glaube, Gesundheit, Wohnen)
➤ Was sind meine langjährigen Interessen? Was mache ich gerne?
➤ Was ist erstrebenswert und was vermeidenswert?
➤ Wofür möchte ich eigentlich leben?

(3) Ziele (bezüglich derselben Lebensbereiche)
➤ Welche Lebensziele verfolge ich grundsätzlich?
➤ Welche sehr konkreten, kurzfristigen Ziele habe ich (einschließlich der Therapieziele)?
➤ Welche Ziele habe ich von anderen übernommen, hinter denen ich aber eigentlich nicht richtig stehe?

Entscheidungsregulation

Die Entscheidungsregulation kann durch verschiedene dysfunktionale Kognitionen beeinträchtigt werden. Dazu gehört das Fordern von perfekten Lösungen, das Unterschätzen der eigenen Fähigkeiten zur Handlungsausführung sowie zum Ertragen unangenehmer Gefühle, die viele schwierige Handlungen begleiten. Dem Patienten muss daher geholfen werden, die Bereitschaft aufzubringen, die beste aller möglichen Lösungen zu akzeptieren und das Suchen nach der perfekten Lösung aufzugeben. Hilfreich ist es, die Vor- und Nachteile sowie die kurz- und langfristigen Folgen aller potenziellen Lösungen niederzuschreiben und zu vergleichen. Die Patienten sollen sich so lange mit den Alternativen beschäftigen, bis sie eine eindeutige Tendenz zu einer Lösung haben (Margraf u. Berking 2005).

Wenn ein Patient mehrere Ziele verfolgt, die sich zum Teil widersprechen, bietet sich eine Motivationsstrukturanalyse an (Klinger 1987). Für jedes Motiv, Interesse und Ziel werden zunächst fünf Aspekten eingeschätzt (Handlungen zur Zielerreichung, Grad der Beteiligung, Selbstverpflichtung, persönlicher Wert, Erwartungshaltung). Mit Hilfe einer Ziel-Matrix wird für jedes Ziel-Paar beurteilt, ob das eine Ziel das Erreichen des anderen Zieles erleichtert oder behindert oder ob die Ziele unabhängig voneinander sind. Mögliche Schlussfolgerungen der Analyse sind:
➤ Beibehalten von Zielen, die langfristig Freude und Befriedigung bringen und Verwerfen von Zielen, die langfristig Frustration verursachen.
➤ Verfolgen von Zielen, die das Erreichen des derzeitigen Hauptzieles unterstützen.
➤ Wenn sich Ziele gegenseitig behindern, versuchen, zunächst eine Lösung zu finden, um doch noch beide Ziele zu erreichen (z.B. die Ziele nacheinander angehen). Wenn das nicht geht, sollte dasjenige Ziel verfolgt werden, das einen höheren Wert besitzt.
➤ Unerreichbare Ziele lieber verwerfen und akzeptieren lernen, dass manches im Leben unerreichbar ist.

Aktivierungsregulation

Zwei Aspekte der Aktivierungsregulation können unterschieden werden:
> die Steuerung des physiologischen Aktivierungsniveaus, das sich in Veränderungen der Muskelspannung, Hautfeuchtigkeit, Herzrate, Atmen usw. zeigt, und
> das Ausmaß, wie gut die Umsetzung des Ziels vorbereitet ist.

Das Prinzip, das der physiologischen Selbstaktivierung unterliegt, ist körperliche Aktivität. Bereits kurze Phasen körperlicher Bewegung (5–10 Minuten) erhöhen die Energie deutlich. Die Aktivitätssteigerung nach moderater körperlicher Bewegung kann bis zu zwei Stunden dauern. Der Patient wird ermutigt, vor Handlungen, zu denen er sich schwer aktivieren kann, kurze körperliche Aktivitäten durchzuführen, z. B. zügig im Raum umherzugehen.

Je besser die Umsetzung des Ziels vorbereitet ist, desto leichter fällt es, mit einer Handlung zu starten. Grund dafür ist, dass dadurch die Situation, in der die Handlung umgesetzt werden kann, und die erforderlichen Verhaltensweisen miteinander assoziiert werden. Für die klinische Anwendung sind als Vorbereitung auf die eigentliche Aktivierungsregulation zwei Voraussetzungen zu schaffen:

1. Die *Situation*, in der die Handlung ausgeführt werden kann, sollte spezifiziert werden, d. h. der Patient beschreibt detailliert die Situationsaspekte, die ihm signalisieren, dass die intendierte Handlung durchgeführt werden kann.
2. *Verhaltensprozeduren* zur Umsetzung des Ziels sollten unter Umständen in Rollenspielen eingeübt werden.

Nach diesen beiden Vorbereitungsschritten kann trainiert werden, die Situationsbedingungen für die Umsetzung der Handlung leichter zu erkennen und die Anfangsschritte der Handlung besser zu beherrschen. Hier kann ein imaginativer, behavioraler und/oder kognitiver Zugang gewählt werden:

1. *Imaginationsübung*: Der Patient imaginiert möglichst detailliert den Implementationskontext sowie die ersten eigenen Schritte der Handlung.
2. *Üben der Anfangsschritte*: Der Patient erarbeitet zunächst einfache, kleine Schritte, mit denen er die Handlung beginnen kann, Dann übt er sie für sich alleine oder mit anderen Personen in einem Rollenspiel.
3. *Selbstinstruktion*: Der Patient übt Selbstaufforderungen, mit denen er sich in der Situation anspornen kann, z. B. »Jetzt ist die Zeit gekommen!« »Jetzt pack ich's an!« »Auf geht's!«.

Motivationsregulation

Zu den wichtigsten Interventionen in der Gruppentherapie (Forstmeier u. Rüddel 2002) gehören Strategien der Selbstmotivierung. Zunächst sammeln die Patienten in Kleingruppen, welche Strategien sie kennen, um sich selbst zu motivieren, und welche Erfahrungen sie dabei gemacht haben. Nach dem Sammeln der Strategien ergänzt der Therapeut im Plenum die Liste von Strategien. Da jede Strategie vorbereitet werden kann, bearbeiten die Patienten ein Arbeitsblatt hierzu, um diese Strategie dann zwischen den Sitzungen zu üben.

Sieben Strategien können unterschieden werden:

➤ Positive Konsequenzen vergegenwärtigen: Auflisten aller positiven Konsequenzen für das Ziel, die Liste aufhängen, oft durchlesen und diese sich möglichst plastisch vorstellen. Bei Motivationsveränderung alle positiven Konsequenzen, Anreize und Gründe für das Ziel in Erinnerung rufen.

➤ Die persönliche Bedeutung der Zielerreichung vergegenwärtigen: Das Ziel mit so vielen Werten, Bedürfnissen und Lebenszielen wie möglich in Beziehung setzen. Bei Motivationsveränderung die persönliche Bedeutung, Wichtigkeit und den Wert der Zielerreichung ins Gedächtnis rufen.

➤ Selbstbelohnungen vornehmen und einsetzen: Eine Liste mit positiven Selbstgesprächen, angenehmen Aktivitäten und materiellen Verstärkern erstellen. Bei Motivationsveränderung eine Selbstbelohnung auswählen und durchführen.

➤ Zwischenschritte festlegen und die Aufgabe in kleinere Schritte aufteilen oder langsam den Schwierigkeitsgrad oder den Zeitaufwand erhöhen. Bei Motivationsveränderung nur an den aktuellen Einzelschritt denken, sich nur dafür motivieren und sich selbst danach belohnen.

➤ Fortschritte aufzeichnen, vorangegangene Erfolge und Stärken vergegenwärtigen: Bei Motivationsveränderung die Fortschritte durchlesen, daran zurückdenken, wie man in ähnlichen Situationen das Ziel erfolgreich war.

➤ Sich selbst Mut machen: Bei Motivationsveränderung innere Selbstgespräche einsetzen, z. B. »Das wird klappen!«, »Ich kann das!«

➤ Eigenes Interesse wecken: Aus der Absicht, ein Spiel zu machen, nach Elementen suchen, die dennoch Spaß machen oder Abwechslung in die Handlung bringen.

Um die Selbstmotivierungs-Strategien zu üben, können drei Übungen eingesetzt werden:
1. In einem *Rollenspiel* führt ein Patient in Dreiergruppen eine langweilige

oder eine anstrengende Aufgabe durch (z. B. ein Puzzle legen, ein Gedicht schreiben oder Rechenaufgaben). Ein anderer Patient bietet dem aktiven Spieler verführerische Ziele an, die ihn vom ausgewählten Ziel abbringen sollen. Er versucht auch, den aktiven Spieler verbal zu demotivieren, der wiederum mit Strategien der Selbstmotivierung dagegen angehen soll. Der dritte Patient beobachtet genau, welche Strategien der aktive Spieler verwendet und gibt darüber später Rückmeldung.

2. In *Zweiergruppen* werden die Strategien geübt, die vorher auf dem Arbeitsblatt vorbereitet wurden. Zum Beispiel erzählt Patient A von den positiven Konsequenzen seines Ziels und Patient B versucht, weitere zu finden.

3. In einer *Vorstellungsübung* werden die Patienten angeleitet, sich mit ihren Stärken und Ressourcen zu beschäftigen. Diese Besinnung auf die eigenen Stärken stellt eine Strategie der Selbstmotivierung dar.

Interventionsstudie

In einer kontrollierten klinischen Studie wurden diese Strategien zur Förderung motivationaler und anderer volitionaler Ressourcen überprüft (Forstmeier u. Rüddel 2007). Insgesamt nahmen 242 Patienten der verhaltensmedizinischen Abteilung einer psychosomatischen Rehabilitationsklinik teil. Die Patienten wurden wegen depressiven, Angst-, Ess-, Anpassungs- oder somatoformen Störungen behandelt. Die Hälfte der Patienten nahm an der Gruppentherapie zur Förderung volitionaler Kompetenzen teil, die sie zusätzlich zur verhaltenstherapeutischen Standardtherapie besuchten (Interventionsgruppe). Die andere Hälfte erhielt nur die Standardtherapie (Standardgruppe). Die Gruppentherapie zur Förderung volitionaler Kompetenzen bestand aus acht 90-minütigen Sitzungen, die zweimal pro Woche stattfanden. Hierzu wurde ein Manual erstellt (Forstmeier u. Rüddel 2002).

Zu drei Zeitpunkten wurden eine Reihe von psychometrischen und psychopathologischen Maßen erhoben: zum Zeitpunkt der Aufnahme, der Entlassung und zu einem Follow-up nach sechs Monaten. Hier werden nur die Daten zur Motivationsregulation (gemessen mit dem Selbststeuerungsinventar), zur Depressivität (Allgemeine Depressionsskala) und zur psychischen Belastung (Kurzform der Symptom-Checkliste nach Derogatis) berichtet.

Von den 242 Studienteilnehmern waren 171 Personen unter 50 Jahre und 71 Personen 50 oder älter (Range: 18 bis 64). In der Interventionsgruppe waren 90 unter 50 und 31 gleich oder älter, in der Standardgruppe waren 81 unter 50 und 40 gleich oder älter.

Bei Entlassung aus der Rehabilitationsklinik verbesserte sich die Motivationsregulation in der Interventionsgruppe stärker als in der Standardgruppe [Effektstärke, ES, 0.96 vs. 0.39; ANCOVA: F (1, 209) = 16.58; p < 0.001]. Patienten, bei denen sich die Motivationsregulation mehr verbesserte, hatten einen besseren Therapieerfolg. In der Interventionsgruppe reduzierten sich Depressivität und die psychische Belastung signifikant mehr als in der Standardgruppe [ES: 1.18 vs. 0.87, F(1, 207) = 4.68, p < 0.05, und ES: 1.12 vs. 0.73, F(1, 205) = 4.68, p < 0.05].

Tabelle 1 präsentiert die Effektstärken für die beiden Altersgruppen getrennt. Generell ist in beiden Altersgruppen das gleiche Muster zu erkennen: Motivationsregulation wird durch die spezielle Intervention deutlich stärker gefördert als durch die Standard-Verhaltenstherapie, auch wenn bei der Follow-up-Untersuchung die Effektstärken etwas niedriger als bei Entlassung waren.

Zwei Ergebnisse sind bemerkenswert. Wenn eine Person in der 6. Lebensdekade kein spezifisches motivationales Training erhält, verbessern sich ihre motivationalen Ressourcen durch die Standardtherapie überhaupt nicht, während dies bei jüngeren Patienten geschieht (ES bei Entlassung 0.47 bei Alter < 50 vs. 0.09 bei Alter >= 50). Es scheint so zu sein, dass im 6. Lebensjahrzehnt Motivationsregulationsprobleme deutlich werden, die in der Lebenszeit zuvor leichter kompensiert werden konnten. Die gute Nachricht ist allerdings, dass auch im 6. Lebensjahrzehnt eine spezifische Förderung

	Alter < 50				Alter >= 50			
	Veränderungen bei Entlassung		Veränderungen beim Follow-up		Veränderungen bei Entlassung		Veränderungen beim Follow-up	
	IG	SG	IG	SG	IG	SG	IG	SG
Motivations-regulation (SSI)	1.16	.47	1.08	.67	.81	.09	.45	.04
Depressivi-tät (ADS)	1.12	.96	.89	.69	1.28	.72	.69	.04
Psychische Belastung (SCL9)	1.13	.86	.86	.32	1.04	.39	.41	.08

Tabelle 1. Effektstärken der Veränderung bei Entlassung (n = 213) und Follow-up (n = 153), getrennt für Altersgruppen unter und ab 50 Jahren. Bemerkungen. IG: Interventionsgruppe; SG: Standardgruppe; SSI: Selbststeuerungsinventar; ADS: Allgemeine Depressionsskala; SCL9: Symptom-Checkliste Kurzform.

motivationaler Ressourcen effektiv ist (ES = 0.81), auch wenn sie etwas geringer ausfällt als bei den Unter-50-Jährigen (ES = 1.16). Trotzdem liegen die Effektstärken bei Personen über 50 bei Entlassung im guten bis sehr guten Bereich und bei Follow-up im mittleren bis guten Bereich.

Bemerkenswert ist weiterhin, dass der Therapieerfolg hinsichtlich Depressivität und allgemeiner Symptombelastung durch die Motivationsförderung deutlich erhöht werden kann (von ES = 0.72 auf 1.28 für Depressivität, ES = 0.30 auf 1.04 für psychische Belastung bei Entlassung). Auch bei der Follow-up-Untersuchung ist die Überlegenheit der Interventionsgruppe gegenüber der Standardgruppe noch deutlich.

Die altersbezogene Analyse der Daten untermauert, dass es auch für Personen im 6. Lebensjahrzehnt möglich und nötig ist, motivationale Ressourcen durch spezifische Interventionen zu trainieren. Der Therapieerfolg hinsichtlich Depressivität und psychischer Belastung kann dadurch auch in dieser Altersgruppe deutlich verbessert werden.

Schlussfolgerungen

Es gibt eine Reihe empirischer Belege dafür, dass motivationale Ressourcen eine wichtige Rolle beim Erhalten und beim Wiedergewinnen der emotionalen, körperlichen und kognitiven Gesundheit spielen. Gerade die im 6. Lebensjahrzehnt auftretenden kritischen Lebensereignisse stellen eine Herausforderung an die Anpassungs- und Selbstregulationsfähigkeit älter werdender Menschen dar.

Für die Psychotherapie wurden konkrete Strategien dargestellt, die in ein übergeordnetes Behandlungskonzept integriert werden können (Forstmeier u. Rüddel 2002, 2007). Bei der Psychotherapie mit älteren Menschen ist es noch wichtiger als mit jüngeren, selektiv optimierte Therapieziele zu formulieren (Forstmeier u. Maercker 2008).

Die Selektion der Therapieziele ist insbesondere dann relevant, wenn eine somatische und psychische Multimorbidität vorliegt und es dann in der Regel nicht möglich ist, alle Erkrankungen in einen umfassenden Behandlungsplan aufzunehmen. Deshalb muss eine klare Hierarchisierung der Ziele erfolgen. Die Rangreihung kann darin bestehen, dass bei der Behandlungsplanung z. B. einer Schmerzsymptomatik die Priorität gegenüber einer Angststörung eingeräumt wird – obwohl die Angststörung im Prinzip mit besserer Prognose zu behandeln ist als die Schmerzsymptomatik. Wann immer das Erreichen der Therapieziele durch eine mangelnde Fertigkeit der motivationalen Ressourcen bedroht scheint, sollten diese gezielt gefördert werden.

Als Schlussfolgerung für die zukünftige Forschung ist unserer Meinung nach das Konzept der motivationalen Reservekapazität zentral (Forstmeier u. Maercker, angenommen). Nachdem die Forschung bisher Belege zum Thema der Wichtigkeit motivationaler Ressourcen für die emotionale und körperliche Gesundheit gezeigt hat, sollten nun deren Auswirkungen für die kognitive Gesundheit im Mittelpunkt stehen. Risikofaktoren für demenzielle Entwicklungen zu identifizieren, die modifizierbar sind, wird zu einem wichtigen Erkenntnisfortschritt führen und der Prävention der Alzheimer-Demenz zugute kommen.

Literatur

Baltes MM, Carstensen LL (1996) Gutes Leben im Alter: Überlegungen zu einem prozessorientierten Metamodell erfolgreichen Alterns. Psychologische Rundschau 47:199–215.

Forstmeier S, Maercker A (2008) Probleme des Alterns. Band in der Reihe »Fortschritte der Psychotherapie«. Göttingen (Hogrefe).

Forstmeier S, Maercker A (angenommen) Motivational reserve: Lifetime motivational abilities influence cognitive and emotional health in old age. Psychology and Aging.

Forstmeier S, Rüddel H (2002) So werde ich willensstark! Manual der Gruppentherapie zur Förderung volitionaler Kompetenzen. Bad Kreuznach (Matthias Ess).

Forstmeier S, Rüddel H (2004) Volitionale Kompetenzen als Prädiktoren des Therapieerfolgs von Psychotherapien und psychosomatischer Rehabilitation. Praxis der Klinischen Verhaltensmedizin und Rehabilitation 67: 206–215.

Forstmeier S, Rüddel H (2007) Improving volitional competence is crucial for the efficacy of psychosomatic therapy: A controlled clinical trial. Psychotherapy and Psychosomatics 76: 89–96.

Forstmeier S, Uhlendorff H, Maercker A (2005) Diagnostik von Ressourcen im Alter. Zeitschrift für Gerontopsychologie und -psychiatrie 18: 227–257.

Klinger E (1987) Current concerns and disengagement from incentives. In: Halisch F, Kuhl J (Hg) Motivation, intention and volition. Berlin (Springer) 337–347

Kuhl J (1996) Wille und Freiheitserleben: Formen der Selbststeuerung. In: Kuhl J, Heckhausen H (Hg) Motivation, Volition und Handlung (Enzyklopädie der Psychologie: Themenbereich C, Serie 4, Band 4). Göttingen (Hogrefe) 665–765.

Margraf M, Berking M (2005) Mit einem »Warum« im Herzen lässt sich fast jedes »Wie« ertragen: Psychotherapeutische Entschlussförderung. Verhaltenstherapie 15: 254–261.

Wahl HW, Diehl M, Kruse A, Lang FR, Martin M (2008) Psychologische Alternsforschung: Beiträge und Perspektiven. Psychologische Rundschau 59: 2–23.

Korrespondenzadresse
Dr. Simon Forstmeier
Universtität Zürich
Psychologisches Institut, Psychopathologie und Klinische Intervention
Binzmühlestr. 14/17
CH – 8050 Zürich
E-Mail: *s.forstmeier@psychologie.uzh.ch*

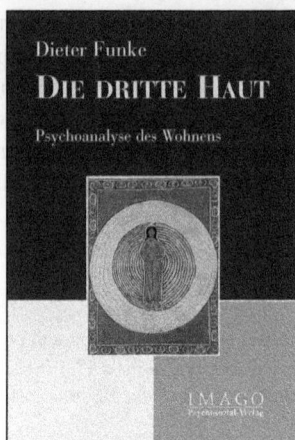

2006 · 262 Seiten · Broschur
ISBN 978-3-89806-552-8

2008 · 223 Seiten · Broschur
ISBN 978-3-89806-756-0

Die Metapher von der dritten Haut weist auf ein körpernahes Verständnis des Wohnens hin. Die erste Haut erweitert sich in textilen Umhüllungen und in Wänden, Decken und Böden in den Raum der Kultur. Der Wandel dieser Elementarformen von Dach, Wand, Tür und Fenster von der Steinzeit bis zur Postmoderne spiegelt auch die Entwicklungsgeschichte des menschlichen Bewusstseins. Dabei nimmt die vorgeburtliche Lebenszeit einen breiten Raum ein – Uterus und Plazenta sind unsere erste Wohnung. Auf diesem Hintergrund lassen sich Häuser und Baustile als Ausdruck unserer psychischen Grundbedürfnisse verstehen; die Art des Wohnens beeinflusst unser seelisches Wohlbefinden, das wir durch Öffnen und Schließen, Weggehen und Wiederkommen, Sammeln und Entrümpeln regulieren. Es geht um Wohnen als Lebenskunst!

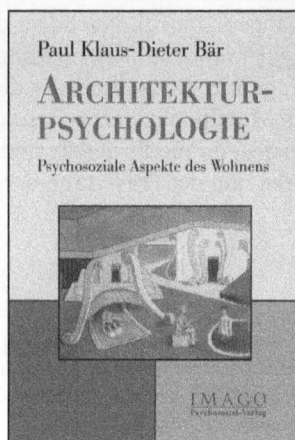

»Die Wohnung ist das Zentrum des privaten Lebens.« Paul Klaus-Dieter Bär erläutert die Verbindung zwischen unseren Wohnbedingungen und unseren psychischen Bedürfnissen und stellt seine Konzepte der Wohnberatung dar, die er mit der Architekturpsychologie verbindet. Umweltaspekte der Wahrnehmung, des Erlebens und des Verhaltens werden auf das Wohnen transponiert. Ebenso werden tiefenpsychologische Dimensionen einbezogen. Zur Ermittlung von Wohnzufriedenheit und Wohnpräferenzen stehen fundierte und plausible Fragebögen zur Verfügung.

P🐝V
Psychosozial-Verlag

Goethestr. 29 · 35390 Gießen · Tel. 06 41/ 9716903 · Fax 77742
bestellung@psychosozial-verlag.de
www.psychosozial-verlag.de

Der Einfluss körperlicher Aktivität auf depressive Syndrome bei Menschen über 50 Jahren

Jacques-Emmanuel Schaefer und Gerhard W. Eschweiler (Tübingen)

Zusammenfassung

Depressionen gehören zu den häufigsten psychiatrischen Erkrankungen bei älteren Menschen und führen in erheblichem Maße zu einer Beeinträchtigung der Lebensqualität. Eine antidepressive Medikation führt bei bis zu 30% der Patienten zu keiner ausreichenden Besserung der Beschwerden. Regelmäßiges körperliches Training dagegen verbessert bei depressiv Erkrankten nicht nur somatische Parameter, sondern weist eine antidepressive Wirkung auf, die mit der eines Medikamentes mindestens vergleichbar ist. In einer Metaanalyse konnte die Effektivität physikalischer Maßnahmen bei depressiven Beschwerden bestätigt werden. Diese Daten sind jedoch nur eingeschränkt gültig, da die Studien kleine Fallzahlen aufweisen und nur Interventionen von kurzer oder mittlerer Dauer überprüfen.

In einer laufenden Studie, der sogenannten Tübinger SALOME-Studie, wird an einem größeren Kollektiv älterer Patienten mit depressiver Erkrankung in (Teil-)Remission geprüft, ob durch ein angeleitetes Bewegungsprogramm die Rückfallhäufigkeit bei Depression signifikant reduziert werden kann und ob auch somatische und metabolische Parameter positiv beeinflusst werden.

Stichworte: Depression im Alter, körperliche Aktivität, Rückfallverhütung

Abstract: The influence of physical activity on depressive syndrome with people over 50 years old

Depression is a common disorder frequently affecting elderly people. Up to 30% of patients do not respond to pharmacological treatment with antidepressants. Regular physical activity does not only improve somatic parameters, but has antidepressant effects comparable to drug treatment with selective serotonin reuptake inhibitors. These results could be confirmed in a meta-analysis. The quality of the data of most of the included studies was compromised, however, by small sample size and limited duration. Nevertheless, it can be assumed that preventive aerobic training has positive effects on the metabolism as well as on depressive symptoms.

The SALOME-Study is a randomised controlled trial analysing the influence of a moderate aerobic exercise intervention or an oxygen treatment on mood, respectively depressive relapse and physical parameters.

Apart from all scientific data, in daily clinical practise one has to consider some guidelines in order to implement physical training for elderly depressed patients.

Key words: depression in the elderly, physical activity, preventing relapse

Einleitung

Die Zusammenhänge von körperlicher Aktivität bzw. Inaktivität und dem gehäuften Auftreten so genannter »Zivilisationskrankheiten« wie Übergewicht, Bluthochdruck oder Diabetes sind heute allgemein bekannt. Weit weniger geläufig ist dagegen, dass Menschen, die nur in geringem Umfang körperlich aktiv sind, im Vergleich zu den Aktiven ein doppelt so hohes Risiko haben, an einer Depression zu erkranken (Farmer et al. 1988).

Depressionen gehören zu den »Volkskrankheiten« und führen in allen Altersgruppen zu einer erheblichen Verminderung der Lebensqualität (Lopez et al. 2006). Dabei scheint die Häufigkeit schwerer Depressionen im Alter tendenziell abzunehmen während leichtere Formen, insbesondere subdiagnostische Syndrome eher zunehmen. Beachtenswert sind vor allem die hohen Erkrankungsraten von 40 bis 50% der Pflege- und Altenheimbewohner (Ernst u. Angst 1995).

Zur Behandlung der Depressionen werden vornehmlich Antidepressiva eingesetzt, die vielfach aber begrenzte, bei bis zu 30% gar keine Wirkung zeigen (Baldessarini 1985, 1989; Silver u. Yudovsky 1988). Viele Betroffene sind zudem nicht gewillt wegen Nebenwirkungen oder wegen der Befürchtung, abhängig zu werden, längerfristig oder gar dauerhaft Psychopharmaka einzunehmen. Da die Rückfallraten nach einer akuten depressiven Episode auch bei weiterer antidepressiver Medikation nicht unerheblich sind und in einer Risikopopulation mit bekannter rezidivierender Störung mehr als 30% (Pintor et al. 2004) und ohne adäquate Therapie sogar ca. 60% (Lam u. Kennedy 2004) betragen, ist die Erforschung ergänzender oder alternativer therapeutischer Strategien sinnvoll.

Sport und Depression

Dass sich körperliche Aktivität und Bewegung bis ins hohe Alter günstig auf das psychophysische Wohlbefinden auswirken können, führte bereits in der Antike zur Empfehlung und Anwendung entsprechender Maßnahmen (Diem 1971). Die wissenschaftliche Beschäftigung mit Bewegungs- und Sporttherapie und ihrem Einfluss auf psychiatrische Erkrankungen begann mit den Untersuchungen von Greist Ende der 70er Jahre größere Beachtung zu finden (Greist et al. 1978, 1979). In diesen und zahlreichen nachfolgenden Studien konnte mehrheitlich gezeigt werden, dass sich depressive Störungen durch körperliches Training besserten.

In der häufig zitierten Arbeit von Babyak (Babyak et al. 2000) wurden die Langzeiteffekte von Sport bei älteren depressiven Patienten untersucht. 25 Patienten erhielten ein Bewegungsprogramm von 30 Minuten dreimal pro Woche (Fahrradergometer, Walken oder Joggen) für insgesamt 16 Wochen, eine zweite Gruppe mit 29 Patienten erhielt einen Serotoninwiederaufnahmehemmer (Sertralin 50–200 mg pro Tag), weitere 29 Patienten die Kombination von Bewegung und Medikation. Nach zehn Monaten zeigte sich eine signifikante Überlegenheit der Gruppe mit Bewegungsprogramm (ca. 8% Rückfallrate) gegenüber der Medikamentengruppe (35% Rückfallrate).

Dass nicht nur aerobes Training, sondern auch Muskelkrafttraining mit Gewichten zu einer Stimmungsaufhellung führt, konnte in einer 20 Wochen andauernden Studie demonstriert werden, in der sich 73% der Aktiven im Vergleich zu 36% der Kontrollpersonen, die mit Psychoedukation behandelt wurden, wesentlich besserten (Singh et al. 2001).

Auch beim Vergleich eines aeroben Lauftrainings mit kognitiv-verhaltenstherapeutischer Behandlung fanden sich in zwei Studien vergleichbare Ergebnisse (Lawlor u. Hopker 2001). Im Review von Sjösten & Kivela wurden, anders als bei Lawlor und Hopker, nur Studien mit älteren Patienten berücksichtigt. In vier von fünf Interventionen zeigte sich, dass die älteren Patienten mit vorbestehender Depression von aerobem und anaerobem Training aber auch von Tai Chi hinsichtlich ihrer affektiven Symptomatik signifikant profitierten (Sjösten u. Kivela 2006).

Trotz der insgesamt positiven Studienlage für körperliche Trainingsmaßnahmen zur Behandlung von Depressionen – mit vergleichbaren Effekten bei unterschiedlichen Trainingsformen –, wiesen Lawlor und Hopker in ihrer Metaanalyse auf eine beschränkte Verallgemeinerbarkeit der Studiendaten wegen der teils deutlichen Ergebnisdifferenzen hin (Lawlor u. Hopker 2001). Die Unterschiede führten sie auf die beschränkte Qualität der Studien zurück (geringe Fallzahlen, kurze Interventionsdauern, fehlende Nachbeobachtungen). Die Schweregradeinteilung der Depression erfolgten fast ausschließlich durch Selbsteinschätzung der Betroffenen (Beck 1978) und, anders als z. B. in pharmakologischen Studien üblich, nicht durch eine professionelle Fremdbeurteilung wie mit der Hamilton Depressionsskala (Hamilton 1960). Sie bemängelten auch die

Vielzahl der angewandten Trainingsmethoden und Trainingsprotokolle und die fehlende Erfassung anderweitiger psychischer bzw. kognitiver Auffälligkeiten. In ihrem Resümee forderten sie deshalb: »a well designed randomised controlled trial with long term follow up is needed«.

In einer aktuellen und hochwertigen Publikation präsentierten Blumenthal und Kollegen (Blumenthal et al. 2007) die Daten der SMILE-Studie, in der 202 Patienten mit einem Durchschnittsalter von 52 Jahren und mittelschwerer Depression (auf der Hamilton Depressionsskala durchschnittlich 17 Punkte) eingeschlossen worden waren. In einem vierarmigen Design wurden dort die Effekte eines 16-wöchtigen Ausdauertrainings auf einem Laufband in Eigenregie oder unter Supervision mit einer medikamentösen Behandlung mit einem SSRI (Sertralin) bzw. einem Placebo verglichen. Insgesamt kam es bei 41% aller Teilnehmer zu einer vollständigen Remission (definiert durch die Abwesenheit depressiver Symptomatik bzw. einen Hamilton-Wert kleiner als 8) bei 45% in der Gruppe mit supervidierter Sporttherapie, bei 40% in der Gruppe mit selbstständig durchgeführtem Training und bei 47% in der SSRI-Gruppe. Es zeigte sich ein Trend zugunsten der aktiven Behandlungs-maßnahmen mit vergleichbaren Ergebnissen für Bewegungsintervention und antidepressive Medikation, jedoch keine signifikante Überlegenheit gegenüber der Placebogruppe, die allerdings mit 31% eine hohe Responsrate aufwies. Wurden die Frühresponder, d.h. diejenigen, bei denen innerhalb einer Woche der Hamilton-Wert um mehr als 50% abgenommen hatte, aus der Analyse heraus genommen, ergab sich eine signifikante Überlegenheit der beiden Bewegungsgruppen und der SSRI-Gruppe gegenüber der Placebogruppe.

Kritisch anzumerken ist, dass die Studie mit einer Dauer von 16 Wochen relativ kurz bemessen war und, als weitere Erklärung für die geringen Grup-penunterschiede, durch das vierarmige Design zu wenig Power hatte.

Mögliche Wirkmechanismen

Ein weiteres Defizit der meisten Interventionsstudien ist, dass sie zwar klinische und Verhaltens-Effekte untersuchen, selten oder gar nicht aber auf theoretische Aspekte eingehen, wie physische Aktivität auf das Zentralnervensystem von depressiv Erkrankten wirkt. Die Daten dazu stammen aus Untersuchungen mit gesunden Probanden oder aus der tierexperimentellen Forschung.

Mögliche antidepressive Effekte können mit direkten oder indirekten Neurotransmitterveränderungen vor allem des Serotoninstoffwechsels zu-sammenhängen und/oder mit neurotrophen Faktoren wie z.B. dem BDNF (»brain derived neurotrophic factor«), der aktivitätsabhängig vermehrt ins Serum freigesetzt wird. Zumindest kann bei Gesunden durch Ausdauersport ein BDNF-Konzentrationsanstieg im Blut induziert werden (Gold et al. 2003), was im Tiermodell mit einem antidepressiven und plastizitätsfördernden Effekt im Hippokampus verbunden ist (Cotman u. Berchtold 2002).

Neben biologischen Mechanismen scheinen auch psychologische Faktoren beim körperlichen Training eine Rolle zu spielen, wobei unklar ist, inwieweit Untersuchungsdaten, die größtenteils bei gesunden Probanden erhoben wurden, auf depressiv Erkrankte übertragbar sind. Neben einer Steigerung des subjektiven Wohlbefindens, entspannenden und unmittelbar anxiolytischen Effekten (Raglin 1990) sowie einer zumindest zeitlich begrenzten Ablenkung von psychischen Problemen sind, in Abhängigkeit von der Zunahme der körperlichen Fitness, auch Verbesserungen des Selbstwertgefühls bzw. der Selbstwirksamkeit nachzuweisen (McAuley 2000). Nicht zu unterschätzen, aber nicht im eigentlichen Sinn auf das Training zurückzuführen, ist der Aspekt der sozialen Interaktion bei gemeinsam durchgeführten sportlichen Aktivitäten.

Depression und Stoffwechsel

Weitere interessante Forschungsansätze ergeben sich aus den wechselseitigen Zusammenhängen von Depression und Stoffwechselerkrankungen.

Depressive Patienten haben ein zwei- bis dreifach erhöhtes Risiko für kardiovaskuläre Erkrankungen und das Auftreten eines zerebralen Insultes. Umgekehrt haben auch Schlaganfallpatienten ein erhöhtes Risiko für Depressionen (Deuschle u. Schweiger 2006). Die Mehrzahl der Studien zeigt, dass eine Depression ein eigenständiger Risikofaktor für einen Bluthochdruck oder für die Entstehung eines Diabetes mellitus Typ 2 darstellt (Deuschle u. Schweiger 2006).

In einer großen Untersuchung konnte ein Zusammenhang zwischen erhöhtem Body Mass Index (BMI) und dem Risiko, an einer Depression zu erkranken, nachgewiesen werden (Onyike et al. 2003). Der Body Mass Index ist einfach zu messen, hat aber den Nachteil, dass er beim Übergewichtigen keine Gewebedifferenzierung (Fett versus Muskulatur) erlaubt. Bei Depressiven mit Hyperkortisolämie ist das sogenannte viszerale Fett, der Fettanteil also, der die inneren Organe umgibt, gegenüber den Erkrankten ohne Hyperkortisolämie vermehrt (Weber-Hamann et al. 2002). Wahrscheinlich resultiert die viszerale Adipositas aus einer Überaktivierung bzw. Entkopplung der Hypothalamus-Hypophysen-Nebennieren-Achse, welche zugleich mit deutlich erhöhten Rückfallraten für die Depression assoziiert ist (Zobel et al. 1999). Allerdings sind die Zusammenhänge zwischen Hormonkonzentrationen, metabolischem Syndrom bzw. erhöhtem Risiko für Stoffwechselerkrankungen einerseits sowie psychischen Veränderungen bzw. psychiatrischen Erkrankungen andererseits komplex (Ahlberg et al. 2002) und nicht endgültig geklärt.

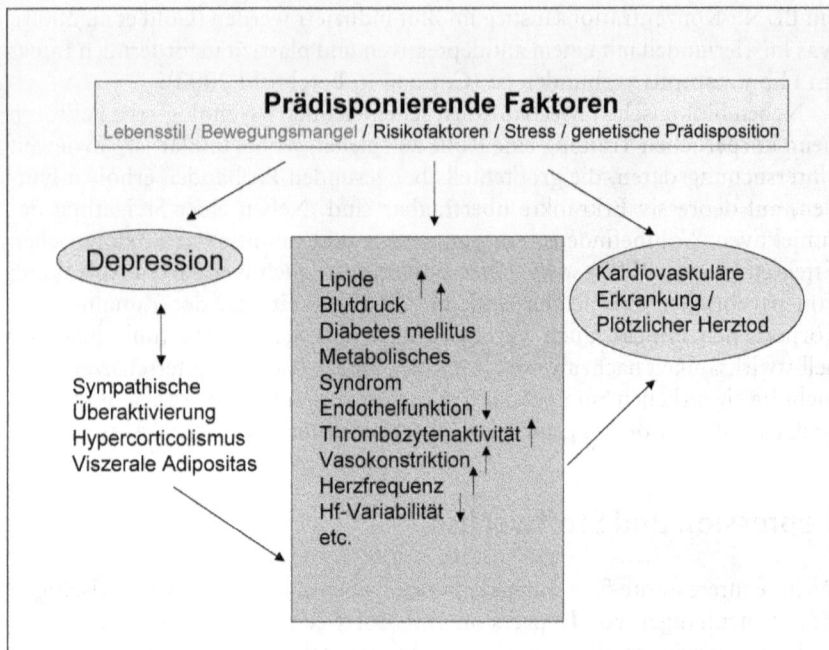

Schema 1 (modifiziert nach Heßlinger et al. 2002)

Belegt ist, dass regelmäßiges Ausdauertraining günstige direkte und vorbeugende Effekte auf die typischen kardiovaskulären Risikofaktoren wie Diabetes mellitus (Eriksson et al. 1998, O'Leary et al. 2006), arterieller Hypertonus (Posner et al. 1990), Fettstoffwechselstörungen und Adipositas hat und auf diesem Weg eine positive Beeinflussung depressiver Erkrankungen möglich erscheint.

SALOME-Studie

In der aktuell laufenden SALOME-Studie am Geriatrischen Zentrum des Universitätsklinikums Tübingen wird in Kooperation mit der Abteilung für Sportmedizin der Klinik für Innere Medizin, der Sektion für Experimentelle Radiologie und der Psychiatrischen Klinik die präventive Wirkung eines moderaten, 12-monatigen Bewegungstrainings (Walking bzw. Nordic Walking) auf Depressivität und Rückfallhäufigkeit älterer Personen mit wiederkehrender depressiver Erkrankung untersucht.

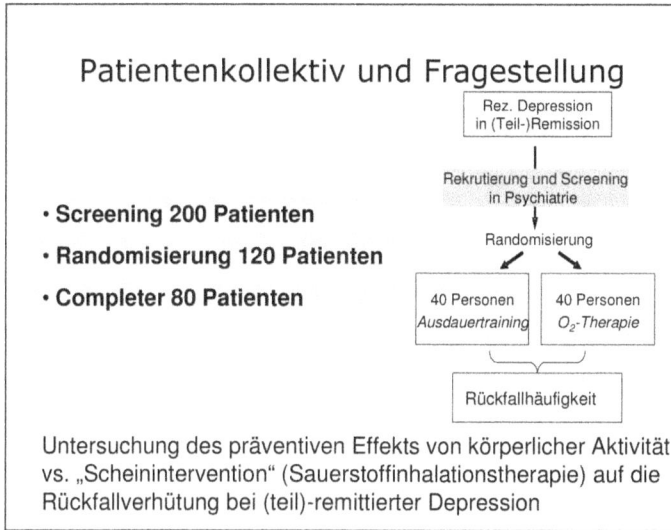

Patientenkollektiv und Fragestellung

Rez. Depression
in (Teil-)Remission

Rekrutierung und Screening
in Psychiatrie

• **Screening 200 Patienten**

• **Randomisierung 120 Patienten**

Randomisierung

• **Completer 80 Patienten**

40 Personen
Ausdauertraining

40 Personen
O₂-Therapie

Rückfallhäufigkeit

Untersuchung des präventiven Effekts von körperlicher Aktivität vs. „Scheinintervention" (Sauerstoffinhalationstherapie) auf die Rückfallverhütung bei (teil)-remittierter Depression

Schema 2

Um in die Studie aufgenommen zu werden, müssen die Patienten über 50 Jahre alt und seit weniger als einem Jahr nicht mehr depressiv sein (d. h. Hamilton-Wert kleiner 15). Nach Voruntersuchungen erfolgt eine Verteilung der Patienten in zwei Vergleichsgruppen (Randomisierung), eine Gruppe mit Ausdauertraining, das dreimal pro Woche in der Gruppe unter Supervision stattfindet, eine andere mit Sauerstoffinhalationsbehandlung, ebenfalls dreimal pro Woche. Die Sauerstoffinhalation hat einen vergleichbaren Zeitaufwand und die Effekte der Kleingruppe sind wie beim Ausdauertraining gegeben. Befürworter der Sauerstofftherapie machen einen positiven Effekt auf die Befindlichkeit geltend, ohne dass das bisher nachgewiesen wurde. Zu Beginn, nach sechs und nach zwölf Monaten werden Parameter der kognitiven Leistungsfähigkeit, der körperlichen Fitness sowie zahlreiche biochemische Faktoren einschließlich der Körperfettverteilung bestimmt. Dabei wird die Gewebeverteilung im Körper (viszeraler Fettanteil) mittels Magnetresonanz-Bildgebung (MRT) und –Spektroskopie (MRS) gemessen.

Primäres Ziel der Studie ist es:

➤ ein länger andauerndes aerobes Sportprogramm bezüglich seiner Wirksamkeit zur Rückfallverhütung von wiederkehrenden Depressionen zu überprüfen, zum zweiten

➤ die Trainierbarkeit der Betroffenen im Stadium der Remission zu erfassen, sowie drittens

➤ objektive prädiktive Marker, speziell auch in der Fettverteilung, zu finden, die auf ein Ansprechen bzw. Nichtansprechen der Intervention hinweisen könnten.

Das Projekt wurde im Spätherbst 2005 begonnen und befindet sich derzeit in der Endphase. Erste valide Daten werden Ende 2009 veröffentlicht.

Praktische Empfehlungen

Jenseits aller Studien und wissenschaftlicher Erkenntnisse stellt sich die Frage, welche konkreten Empfehlungen älteren Patienten mit depressiven Störungen bezüglich Sport- und Bewegungstherapie bereits jetzt gegeben werden können. Im Regelfall trifft der Behandler dabei auf Patienten mit eingeschränkter Motivation, die sich vielfach gar nicht vorstellen können, zu einer sportlichen Leistung fähig zu sein. Bei der Mehrzahl der Betroffenen ist das Gehvermögen zumeist nicht oder nur gering eingeschränkt, was es behutsam zu vermitteln gilt. Seltener als die realen sind es die empfundenen Einschränkungen, die den Beginn einer Aktivierung verhindern. Unter stationären Bedingungen ist es hilfreich, die Patienten zum Training zu begleiten oder aber vom Sport- und Bewegungstherapeuten abholen zu lassen. Ist der Anfang gemacht, gilt es die Patienten »bei der Stange« zu halten, deren Sorgen nicht zu bagatellisieren, mögliche Gründe für Trainingsausfälle ernst zu nehmen, gemeinsam nach Lösungen zu suchen, auf die bereits gemachten Fortschritte hinzuweisen und beständig zur Fortsetzung des Trainings zu ermutigen. Keinesfalls sollten die Patienten sich selbst überlassen und zumindest in der ersten Trainingsphase zum Training in einer Gruppe bestärkt werden. Vor allem bei Anfängern sind bei einem angeleiteten Training Verbesserungen und Korrekturen möglich. Zur Steuerung der Trainingsintensität bietet sich die Herzfrequenzmessung an. Mit der Zeit entwickeln die meisten ein Gefühl für das eigene Leistungsvermögen. Wichtig ist es, auf jeden Fall Überforderung zu vermeiden. Anders als bei Angstpatienten geht es bei depressiv Erkrankten nicht darum, eine individuelle Schwelle zu überwinden, sondern vielmehr ein maßvolles körperorientiertes Training mit dem Ziel einer langsamen Verbesserung der physischen Leistungsfähigkeit und der psychischen Befindlichkeit durchzuführen.

Grundsätzlich scheint die Wirksamkeit sportlicher Aktivitäten nicht nur auf aerobes Training oder eine Ausdauersportart begrenzt zu sein. Vielmehr gilt – vereinfacht ausgedrückt – die Devise, dass »alles, was Schwitzen lässt«, sinnvoll ist. Zu berücksichtigen sind natürlich auch Vorerfahrungen und persönliche Interessen der Patienten.

Neben der allgemeinen Praktikabilität ist auch an das mit einer Sportart verbundene Verletzungsrisiko zu denken, welches in der Regel bei Schnellkraft- und Ballsportarten größer ist. Aus diesen Gründen ist Walking oder Nordic-Walking für ältere Patienten sehr gut geeignet und wird von diesen fast immer auch positiv besetzt. Gelegentlich können sich ältere Patientinnen nur dann zum Walking durchringen, wenn Sie statt der Stöcke ihre Einkaufstasche mitnehmen dürfen.

Bei Menschen mit Hüft- und Kniebeschwerden oder starkem Übergewicht ist alternativ auch Aqua-Walking zu empfehlen, weil durch die Ausschaltung der Schwerkraft die Gelenke geschont werden. Tanzen verbindet in idealer Weise moderates Training mit Schulung von Rhythmus und Körpergefühl, fördert die Geselligkeit und Lebensfreude, wird erfahrungsgemäß aber nur von älteren Patienten mit entsprechender Vorerfahrung betrieben. Radfahren kann ab einem gewissen Alter problematisch sein, da es doch mit einem relativ hohen Unfallrisiko verbunden ist und zudem während der Durchführung nur wenig Kommunikation erlaubt.

Vor dem Einstieg in ein regelmäßiges Trainingsprogramm sollte bei älteren Patienten die grundsätzliche Eignung überprüft werden. Eine körperliche Untersuchung, eine Bestimmung der Routinelaborparameter (einschließlich TSH) und ein EKG sind notwendig. Bei Untrainierten und »Herzkranken« ist auch ein Belastungs-EKG zu befürworten. Bei Patienten mit vorbekannten körperlichen Erkrankungen (des Herz-Gefäß-Systems oder des Bewegungs-apparates) ist eine sportmedizinische Eingangsuntersuchung zu empfehlen (nach Broocks 2003).

Literatur beim Verfasser

Korrespondenzadresse:
Dr. med. Jacques-Emmanuel Schaefer
Geriatrisches Zentrum am Universitätsklinikum Tübingen
Osianderstraße 24
D–72074 Tübingen,
E-Mail: *jacques-emmanuel.schaefer@stgag.ch*

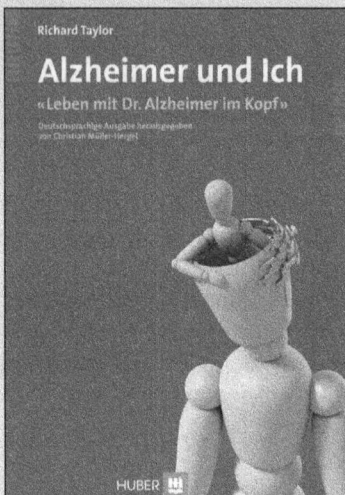

Präventive Optionen für kognitive Störungen

Christoph Laske (Tübingen) und Henning Wormstall (Schaffhausen)

Zusammenfassung

Der Wunsch, Alterungsprozesse zu verhindern oder zumindest herauszuzögern, dürfte so alt wie die Menschheit sein. Vor dem Hintergrund der demografischen Entwicklung bekommt die Frage nach präventiven Optionen auch in psychotherapeutischen Behandlungen von Menschen mittlerer Altersstufen eine besondere Brisanz. Der Psychotherapeut sollte auf Fragen zur Prävention Antworten parat haben und seine Patienten in diesem Themenbereich nicht alleine lassen.

In vorliegender Arbeit wird deshalb versucht, für die mit der Generation 50+ psychotherapeutisch Tätigen nach derzeitigem Wissenstand die präventiven Standards und die potenziellen Wirkfaktoren zu beleuchten. Trotz wichtiger synergistischer Effekte werden aus didaktischen Gründen medikamentöse und nichtmedikamentöse Zugangswege getrennt dargestellt.

Stichworte: Demografische Entwicklung, Alter, kognitive Störungen, Alzheimer, Demenz, Prävention

Abstract: Preventive options against cognitive impairment

The wish to prevent or at least delay the process of aging is probably as old as humanity. Given the background of demographic development, the question about preventive options also in the psychotherapeutic treatments of middle-aged people takes on a special significance. The psychotherapist should be able to answer questions about prevention and not leave his patients to deal with this topic on their own.

Hence, this paper tries to shed light on the current knowledge of preventive standards and potential effects for the benefit of psychotherapists dealing with the generation 50+. In spite of important synergistic effects, medical and non-medical access paths will be divided due to didactic reasons.

Key words: demographic development, age, cognitive impairment, Alzheimer's disease, dementia, prevention

1   Einleitung

In der Schweiz sind ca. 100.000 und in Deutschland etwa 1 Million Menschen an einer Demenz erkrankt. Weltweit leiden mehr als 20 Millionen an diesem Krankheitsbild. Bei zwei Dritteln handelt es sich um eine Demenz vom Alzheimer-Typ (DAT), ätiologisch kommen jedoch weit über 100 andere Auslöser in Frage. Das Alter gilt als der nicht zu beeinflussende Hauptrisikofaktor.

Die demografische Entwicklung in Deutschland und in den westlichen Industrienationen zeigt einen kontinuierlichen steigenden Anteil alter Menschen an der Gesamtbevölkerung aus. Dies wird zukünftig zu einer deutlichen Zunahme kognitiver Störungen und demenzieller Erkrankungen führen, was zur Folge hat, dass Ärzte und andere Therapeuten immer häufiger mit der Frage nach präventiven Möglichkeiten konfrontiert werden. Demenzerkrankungen sind durch unzählige Medienberichte, Filme und zusätzlich durch die Selbstdarstellungen des früheren US-Präsidenten Reagan in der Öffentlichkeit bekannt geworden und werden entsprechend gefürchtet. Der Bekanntheitsgrad spiegelt sich auch darin wider, dass neben Parkinson der Terminus Alzheimer als häufigster Eigenname in der medizinischen Fachliteratur genutzt wird.

Hatte noch S. Freud in seiner Praxis eher unter 40-jährige Patienten behandelt, so öffnet sich heutzutage die Psychotherapie zunehmend auch für die Patientengruppe der Über-60-Jährigen, was bedeutet, dass kognitive Einschränkungen in das differenzialdiagnostische und -therapeutische Kalkül mit einbezogen werden müssen. Tews (1995) klassifiziert das sechste Lebensjahrzehnt als die »Dekade der Vorboten«, wobei die in dieser Altersgruppe bereits häufiger auftretenden somatischen Beschwerden (auch bei leichterem Ausprägungsgrad) schwerwiegende Ängste auslösen können. Depressionen mit daraus folgenden kognitiven Veränderungen aber auch Konzentrationsschwierigkeiten im Rahmen von Arbeitsüberlastung können bei den sog. ›Alten Jungen‹ große seelische Belastungen und Turbulenzen zur Folge haben, die zum zentralen Psychotherapiethema werden können. Konkrete Fragen nach Vorsorgeoptionen sind dann die Folge. Insbesondere beruflich engagierte und belastete Patienten stellen hierbei gezielte Fragen, auf die sie differenzierte Antworten verlangen. Das wissenschaftliche Interesse und der Kenntnisstand auf dem Gebiet der Prävention kognitiver Störungen und demenzieller Erkrankungen hat in den letzten Jahrzehnten stetig zugenommen (Laske et al. 2005), ohne dass es hierbei bei der ätiologischen Vielfalt einen einzigen ›Königsweg‹ der Demenzvorsorge gibt.

Sollen präventive Maßnahmen effektiv sein, sollten diese rechtzeitig initiiert werden, um noch primärpräventive Auswirkungen zu erzielen. Für die Generation der alten Jungen sollte sich die Frage stellen: »Wann, wenn nicht jetzt?«

Der vorliegende Beitrag geht deshalb auf den derzeitigen Erkenntnisstand über die Vorbeugung kognitiver Störungen im Allgemeinen und der Demenz vom Alzheimer-Typ (DAT) im Besonderen ein. Da dieses Gebiet mittlerweile ein breites Themenspektrum umfasst, soll trotz gegenseitiger Beeinflussung und Ergänzung zunächst zwischen medikamentösen und nichtmedikamentösen Gesichtspunkten unterschieden werden.

2 Medikamentöse Prävention

2.1 Antidementiva

Die derzeit gängigen Antidementiva gehören zu den Wirkgruppen der Cholinesterasehemmer (Lanctot et al. 2003) beziehungsweise zu den Glutamat-(NMDA-)Antagonisten (Reisberg et al. 2003) mit nachgewiesener Wirksamkeit, kognitive Fähigkeiten und Alltagsaktivitäten zu verbessern sowie die Belastung der pflegenden Angehörigen zu reduzieren. Die Cholinesterasehemmer sind für die Behandlung der leichten bis mittelschweren Demenz vom Alzheimer-Typ (DAT) zugelassen, die Glutamat-Antagonisten haben eine Zulassung für mittelschwere bis schwere Formen der DAT. Für beide Substanzklassen konnte inzwischen auch eine Wirksamkeit bei der vaskulären Demenz (Wilkinson et al. 2003) nachgewiesen werden.

Weitere Studien sind auch unter versorgungsmedizinischen Aspekten erforderlich, zumal kritische Stimmen laut wurden (AD2000 Collaborative Group 2004), die trotz signifikanter Verbesserung der kognitiven Fähigkeiten sozialmedizinische Effekte bezweifelten. Hierzu kontrastierend sind klinische Erfahrungen und Beobachtungen von Altenpflegekräften, die rasche Zustandsverschlechterungen nach Absetzen der Präparate registrierten. Ob ein primärpräventiver Effekt der modernen Antidementiva und eine Konversion von einer leichtgradigen kognitiven Störung in eine DAT verhindert werden kann, ist nach derzeitigem wissenschaftlichem Stand jedoch nicht belegt.

2.2 Antihypertensiva

Sowohl bei kardiovaskulären Erkrankungen als auch bei Demenzerkrankungen hat der Blutdruck einen hohen Stellenwert. Das Vorliegen einer arteriellen Hypertonie gilt als Risikofaktor für Demenzerkrankungen im Allgemeinen und der DAT im Speziellen (Skoog et al. 1996). Bei Vorliegen einer arteriellen Hypertonie reduziert eine frühzeitig begonnene effektive antihypertensive Therapie die Inzidenz, Prävalenz und Verlaufsgeschwindigkeit sowohl einer vaskulären Demenz als auch der DAT (Guo et al. 1999;

Khachaturian et al. 2006). Pathophysiologisch scheint der präventive Effekt der Antihypertensiva u. a. auf einer Reduktion vaskulärer Läsionen zu beruhen, wobei Gefäßveränderungen sowohl bei der vaskulären Demenz als auch bei der DAT in unterschiedlichem Ausmaß nachweisbar sind.

2.3 Statine

Statine sind Hemmstoffe des bei der endogenen Bildung von Cholesterin notwendigen Enzyms 3-Hydroxy–3-methylglutaryl-Coenzym-A (HMG-CoA)-Reduktase und werden weltweit als Cholesterinsenker eingesetzt. Sie verringern das Arterioskleroserisiko und die Entwicklung von zerebro- und kardiovaskulären Erkrankungen. Neuere Untersuchungen (Simons et al. 2002) ergaben Hinweise, dass die regelmäßige Einnahme von Statinen das Risiko einer Demenzentwicklung reduzieren kann. Krankheitsspezifisch liegt bei einer regelmäßigen Einnahme von Statinen das relative Demenzrisiko für die Alzheimersche Krankheit bei 0,37, bezüglich einer vaskulären Demenz bei 0,25. Auch bei bereits diagnostizierter Demenz konnten sekundär präventive Effekte der Statine festgestellt werden (Hajjar et al. 2002). Nach tierexperimentellen Untersuchungen könnte der protektive Effekt der Statine u. a. auf einer verminderten Produktion von Amyloid-Plaques im Gehirn beruhen.

2.4 Nichtsteroidale Antiphlogistika (NSAP)

Bei Kenntnis einer Beteiligung des Immunsystems an der Pathogenese und dem Verlauf der DAT wurden epidemiologische Studien zum therapeutischen und präventiven Einfluss von nichtsteroidalen Antiphlogistika auf Demenzerkrankungen durchgeführt. Hierbei konnte bei einer mindestens dreijährigen Behandlung mit NSAP ein relatives Risiko von 0,54 für die DAT gefunden werden. Ein vergleichbarer Effekt auf die Entwicklung einer vaskulären Demenz konnte hingegen nicht beobachtet werden (in't Veld et al. 2001). Dies spricht dafür, dass die protektive Wirkung der NSAP über die alleinige Verhinderung von zerebrovaskulären Läsionen hinausgeht und u. a. durch entzündungshemmende Mechanismen bedingt ist. Der prophylaktische Effekt bezüglich der DAT korreliert mit einer zunehmenden Einnahmedauer, ohne dass ein sicherer Zusammenhang mit der Dosishöhe nachgewiesen werden konnte (Broe et al. 2000). Der demenzpräventive Einsatz von COX–2-Hemmern (z. B. Rofecoxib) war dagegen bisher nicht erfolgreich und vermag auch nicht die Konversion einer leichten kognitiven Störung (MCI) zur DAT zu verlangsamen (Thal et al. 2005).

2.5 Hormontherapie

In mehreren Fallkontrollstudien konnte seit 1990 eine 30- bis 60-prozentige Verringerung des Alzheimer-Risikos bei Frauen nach postmenopausaler Einnahme von Östrogenen demonstriert werden. In Abhängigkeit vom Zeitpunkt der Hormoneinnahme und der Dauer der Einnahme fand sich bei einer Einnahme von sechs Monaten bis über zehn Jahre für die DAT ein relatives Risiko von bis 0,42 (LeBlanc et al. 2001).

Bei dem in der Gynäkologie üblichen kombinierten Einsatz von Östrogenen mit Gestagenen belegt die Women's Health Initiative Memory Study (Shumaker et al. 2003) anhand einer Kohortenstudie mit über 4000 älteren Frauen dagegen, dass bereits ein Jahr nach Studienaufnahme das allgemeine Demenzrisiko zweifach erhöht war. Zusätzlich fand sich eine Häufung von Herzerkrankungen, Lungenembolien, Schlaganfällen oder Brustkrebs. Auch im Studienarm, in dem ausschließlich Östrogene eingesetzt wurden, fand sich ein erhöhtes Schlaganfallrisiko, sodass gefolgert werden musste, dass eine Hormontherapie unter dem Gesichtspunkt einer alleinigen Demenzprävention nicht zu empfehlen ist.

3 Nichtmedikamentöse Prävention

3.1 Körperliche Aktivität

Körperliche Aktivität und eine reizreiche Umgebung führten im Tierversuch zu einer verminderten Bildung von Alzheimer-typischen Amyloid-Plaques im Gehirn und zu einer Hochregulierung von Nervenwachstumsfaktoren wie z. B. dem Brain-derived neurotrophic factor (BDNF) mit Induktion von Nervenzellneubildungen (sog. Neurogenese) insbesondere im Hippocampus (Adlard et al. 2005; van Praag et al. 2005; Lazarov et al. 2005).

Auch Menschen profitieren von den Effekten körperlicher Aktivität. Regelmäßige körperliche Betätigung ist mit einer geringeren Inzidenz für unterschiedliche Demenzerkrankungen (Laurin et al. 2001) (relatives Risiko 0,63) verbunden. Selbst ältere Menschen (über 65 Jahre), die mindestens dreimal pro Woche moderaten Ausdauersport (Spazierengehen, Wandern, Radfahren, Aerobic, Schwimmen, Aquajoggen, Gewichtstraining, Stretching, Tanzen) betreiben, haben ein um 30–40% vermindertes Demenzrisiko (Larson et al. 2006). Dieser protektive Effekt nimmt mit dem Grad körperlicher Aktivität zu. In diesem Zusammenhang ist das Ergebnis einer Schweizerischen Gesundheitsbefragung aus dem Jahre 1997 von Interesse, die ergab, dass körperliche Aktivität mit zunehmendem Alter abnimmt, sie korreliert jedoch positiv mit Bildungsgrad bzw. Haushaltseinkommen (Lamprecht u. Stamm 2000).

3.2 Geistige Regsamkeit

3.2.1 Intelligenz und Ausbildung

Epidemiologische Untersuchungen wie z. B. die amerikanische Nonnen-Studie haben gezeigt, dass Personen mit höherem Ausbildungsniveau ein vermindertes Demenzrisiko im Alter haben, allerdings auch einen schnelleren kognitiven Abbau in den Jahren vor Demenz-Ausbruch zeigen (Riley et al. 2005; Scarmeas et al. 2006a). Nach den Ergebnissen neuropathologischer Untersuchungen findet sich bei gut ausgebildeten älteren Menschen zum Teil eine ausgeprägte Alzheimer-Pathologie im Gehirn trotz fehlender Hinweise auf eine Demenz. Außerdem weisen gut ausgebildete Menschen bei Ausbruch von Alzheimer-Symptomen fünfmal so viele Amyloid-Plaques auf wie weniger Gebildete (Riley et al. 2005). Diese Ergebnisse werden mit dem Vorhandensein einer sog. kognitiven Reserve erklärt, wodurch Personen mit höherer Bildung ihre kognitiven Defizite besser kompensieren und testpsychologische Fragen besser bewältigen können. Die kognitive Reserve führt zu einer Verzögerung des Demenz-Ausbruchs trotz vorhandener Alzheimer-Pathologie im Gehirn (Scarmeas u. Stern 2004). Dass Personen mit niedrigerem Ausbildungsniveau häufiger vaskuläre Demenzerkrankungen im höheren Alter erleiden, könnte auf ein weniger ausgeprägtes Gesundheitsbewusstsein zurückgeführt werden.

3.2.2 Kognitive Trainingsprogramme

Im Rahmen der SIMA-Studie (Oswald et al. 2001) wurde in unterschiedlichen Studienarmen der Effekt von Gedächtnistraining, körperlichem Training und der gegenseitigen Beeinflussung untersucht. Am besten schnitt die Kombinationsgruppe mit Gedächtnistraining und körperlichem Training ab, die als signifikant präventiv eingestuft werden darf. Diese Gruppenarbeit ist effektiver als die Teilnahme an Gruppen ohne Training oder mit Training von Einzelkomponenten.

3.3 Soziale Aktivitäten

3.3.1 Soziale Kontakte

Für ein glückliches und erfülltes Leben sind wir auf Kontakte zu anderen Menschen angewiesen. Ohne diese droht Einsamkeit. Bei fehlenden oder unbefriedigenden sozialen Kontakten wächst das Demenzrisiko graduell (Fratiglioni et al. 2000). Soziale Kontakte bewirken eine emotionale und intellektuelle Stimulierung und ermöglichen praktische Unterstützungsmaßnahmen, wodurch die Entwicklung kognitiver Defizite verlangsamt oder kompensiert wird. Die Pflege sozialer Beziehungen ist daher ein wichtiger Bestandteil für ein gesundes Altern.

3.3.2 Freizeit-Aktivitäten

Soziale Kontakte lassen sich auch gut durch Freizeitaktivitäten pflegen. In einer Kohortenstudie wurden bei 469 gesunden Personen über 75 Jahre das Freizeitverhalten und die kognitiven Fähigkeiten analysiert. Dabei zeigte sich über einen Beobachtungszeitraum von 5,1 Jahren ein erniedrigtes Demenzrisiko bei folgenden Freizeit-Aktivitäten: Lesen, Musizieren, Brettspiele und Tanzen. Die Verminderung der Inzidenz einer Demenz war umso größer, je häufiger die genannten Aktivitäten pro Woche durchgeführt wurden (Verghese et al. 2003).

3.4 Gesunde Ernährung

3.4.1 Reduktion von Übergewicht

In einer fast zwei Jahrzehnte dauernden Langzeitstudie (Gustafson et al. 2003) zeigte sich, dass Übergewicht bei Frauen im fortgeschrittenen Alter einen Risikofaktor für die Entwicklung einer Demenz (insbesondere einer DAT) darstellt. Das DAT-Risiko bei Über-70-Jährigen erhöht sich pro Zunahme einer Body-Mass-Index-Einheit (BMI) um 36%. Der BMI berechnet sich nach dem Körpergewicht in Kilogramm, geteilt durch die Körpergröße in Meter zum Quadrat. Unter frühpräventiven Gesichtspunkten sollte nicht unerwähnt bleiben, dass heutzutage schon ein Viertel aller Kinder übergewichtig ist (Computergeneration), was für die Zukunft nicht unerhebliche Auswirkungen haben dürfte. Wichtige Einflussfaktoren für ein normales Körpergewicht sind neben ausreichender körperlicher Bewegung eine gesunde Ernährung.

3.4.2 Diät

Der vermehrte Konsum ungesättigter Fettsäuren führt zu einem verminderten Risiko, an Alzheimer-Demenz zu erkranken (Morris et al. 2003). Scarmeas et al. (2006b) untersuchte über vier Jahre die Essgewohnheiten von 2300 gesunden Freiwilligen, die sich mehr oder weniger an eine Mittelmeerdiät (mit Olivenöl, Getreide, Knoblauch, frischem Fisch und Gemüse) hielten. Diejenigen Probanden, die strikt dem südländischen »Diät-Plan« folgten, reduzierten ihr Alzheimer-Demenz-Risiko um 40%.

3.4.3 Vitamin E und Vitamin C

Die Einnahme von Antioxidanzien soll die im Übermaß neurotoxisch wirkenden freien Radikale im Körper abfangen und damit den Zellalterungsprozess verlangsamen. Als Antioxidanzien dienen überwiegend Vitamine und Spurenelemente. Engelhard et al. (2002) kamen mit ihrer über sechs Jahre dauernden prospektiven epidemiologischen Verlaufsstudie mit über 5000 Personen zu dem Ergebnis, dass die Aufnahme der Vitamine E bzw. C durch die Nahrung mit einem verminderten DAT-Risiko assoziiert ist (relatives Risiko jeweils 0,82). Hierzu kontrastierend, konnte die Untersuchung von Luchsinger et al. (2003) diesen protektiven Effekt nicht bestätigen. Die Autoren der »Cache County Study« (Zandi et al. 2004) untersuchten die Effekte der Einnahme von Vitaminen in Form von Nahrungsergänzungsmitteln. Dabei fanden sich Wirkeffekte einer kombinierten Einnahme der Vitamine E (bis 1 000 IU/Tag) und C (500 bis 1 000 mg/Tag), wobei die Einnahme nur eines der beiden Vitamine in den erwähnten Dosen oder von Multivitaminpräparaten (mit deutlich geringerer Einzeldosis der Vitamine E und C) zu keiner signifikanten Risikoreduktion führte. Prinzipiell reicht eine ausgewogene Ernährung aus, um den täglichen Bedarf an Vitaminen zu decken. Auch ist eine gesunde vitaminreiche Ernährung mit frischem Obst und Gemüse der Einnahme von Nahrungsergänzungsmitteln vorzuziehen. Allerdings nehmen nur wenige Menschen die von der Deutschen Gesellschaft für Ernährung (DGE) empfohlenen fünf Portionen Obst und Gemüse am Tag zu sich.

3.4.4 Vitamin B6, B12 und Folsäure

Patienten mit erniedrigtem B12- oder Folsäureserumspiegel haben ein doppelt so hohes Risiko bezüglich der Entwicklung einer DAT, wobei vermutet wird, dass diese Auswirkungen auf den hierbei nachgewiesenen erhöhten Homocystein-Serumspiegel beruhen. In einer prospektiven Kohortenstudie mit mehr als 1000 älteren Probanden wurde ein um 40 Prozent erhöhtes Demenzrisiko bei einem Homocystein-Anstieg festgestellt. Die Risikoerhöhung ließ sich sowohl für vaskuläre als auch degenerative Demenzformen nachweisen (Seshadri et al. 2002). Trotz dieser Hinweise ist die derzeitige Datenlage noch zu dünn, um generell einen protektiven Einsatz dieser Vitamine zu empfehlen (Josten 2001).

3.5   Alkohol und Kaffee

Ein maßvoller Konsum der Genussmittel Alkohol und Kaffee scheint neuroprotektive Wirkungen zu haben. Maia et al. (2002) sowie Lindsay et al. (2002) beschrieben in ihren jeweils mehrjährigen prospektiven Studien, dass regelmäßiger Kaffeekonsum mit einem signifikant niedrigeren DAT-Risiko verbunden ist.

In der prospektiven Rotterdam-Studie (Ruitenberg et al. 2002) mit knapp 8000 Personen fand sich für leichten bis mäßigen Alkoholkonsum ein signifikant protektiver Effekt bezüglich jeder Art von Demenz. Entgegen früheren Meinungen, dass insbesondere Rotwein präventive Auswirkungen habe, wurde hier den unterschiedlichen Getränkearten keine spezifische Rolle zugeschrieben. Die aufgeführten positiven Ergebnisse sollten allerdings nicht die äthyltoxischen Folgeerkrankungen (Polyneuropathie, Hepatopathie, Enzephalopathie, Impotenz oder Ösophagusvarizen) vergessen lassen.

4 Potenzielle Wirkfaktoren der präventiven Maßnahmen

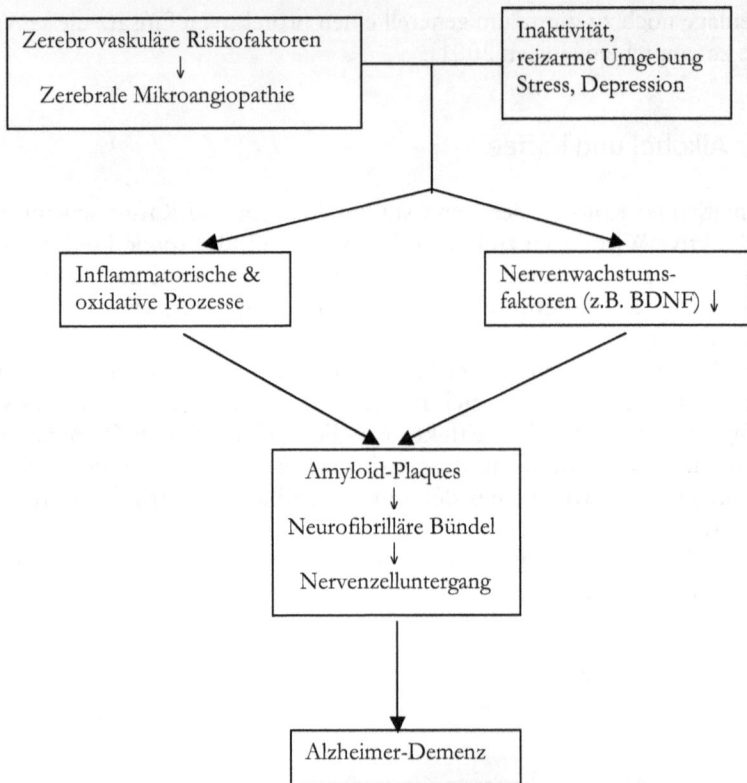

Zerebrovaskuläre Risikofaktoren
↓
Zerebrale Mikroangiopathie

Inaktivität,
reizarme Umgebung
Stress, Depression

Inflammatorische &
oxidative Prozesse

Nervenwachstums-
faktoren (z.B. BDNF) ↓

Amyloid-Plaques
↓
Neurofibrilläre Bündel
↓
Nervenzelluntergang

Alzheimer-Demenz

Abbildung 1: Hypothetisches Modell zu den pathogenetischen Mechanismen der Alzheimer-Demenz (modifiziert nach Laske et al. 2006a)

In Abbildung 1 ist ein hypothetisches Modell zu den pathogenetischen Mechanismen der Alzheimer-Demenz dargestellt. In dem Modell sind Ansatzpunkte für potenzielle Wirkfaktoren der vorgestellten medikamentösen und nichtmedikamentösen Maßnahmen zur Demenzprävention enthalten. Im Einzelnen kommen dabei die folgenden Effekte in Betracht (siehe auch Tabelle 1):

Maßnahmen	Gehirn-Aktivierung	Beeinflussung von CVRF	BDNF im Hippocampus/Gehirn	A β im Gehirn	Anti-inflammatorische & -oxidative Mechanismen
Medikamentös					
Cholinesterasehemmer (1) / Glutamat-Antagonisten (2)			(1): ↑		
Antihypertensiva		↓		↓	
Statine		↓	↑	↓	↑
Nichtsteroidale Antiphlogistika		↓		↓	↑
Östrogene			↑		
Impfung gegen Beta-Amyloid				↓	
Nicht-medikamentös					
Körperliche Aktivität	↑	↓	↑	↓	
Bildung					
Gedächtnistraining	↑		↑		
Soziale Kontakte / Stimulierende Umgebung	↑		↑	↓	
Diät / Kalorische Restriktion		↓	↑	↓	
Antioxidanzien (Vitamine E + C)			Vitamin E: ↑		↑
Moderater Alkohol-konsum		↓			
Kaffee		↓/↑			

Tabelle 1: *Potenzielle Wirkfaktoren der präventiven Maßnahmen (CVRF = Zerebrovaskuläre Risikofaktoren, BDNF = Brain-derived neurotrophic factor, Aβ = Beta-Amyloid)*

4.1 Gesteigerte Gehirnaktivierung

Im Gehirn werden Nervenverbindungen (Synapsen), die nicht genutzt werden, wieder abgebaut. Durch Lernen entstehen neue Verbindungen. Am Ende bleiben nur diejenigen Synapsen erhalten, die immer wieder gebraucht werden. Insbesondere die nichtmedikamentösen Präventionsmaßnahmen mit körperlicher, geistiger und sozialer Aktivität sowie eine reizreiche Umgebung führen zu einer gesteigerten Gehirnaktivierung und tragen auf diese Weise zum Erhalt von neuronalen Synapsen und damit auch von Nervenzellen bei.

4.2 Positive Beeinflussung von zerebrovaskulären Risikofaktoren

Große longitudinale Bevölkerungsstudien weisen darauf hin, dass klassische vaskuläre Risikofaktoren wie z. B. Diabetes mellitus, arterielle Hypertonie und Adipositas auch Risikofaktoren für die DAT darstellen. Diese epidemiologischen Befunde werden gestützt durch Befunde aus der Neuropathologie und zerebralen Bildgebung (Computertomogramm, Kernspintomogramm), die eine vermehrte (vaskuläre) Schädigung der Blutgefäße bei Alzheimer-Patienten gezeigt haben (de la Torre et al. 2002; Becker-Baroso 2005). Die pathophysiologische Verbindung zwischen der Ablagerung von Amyloid-Plaques und neurofibrillären Bündeln einerseits und den vaskulären Veränderungen andererseits ist noch unklar. Es ergibt sich daraus allerdings die Implikation für präventive Maßnahmen mit dem Fokus auf der positiven Beeinflussung von zerebrovaskulären Risikofaktoren. Dabei zeigt sich, dass zahlreiche Maßnahmen zur Demenzprävention große Überschneidungsbereiche mit der Prävention von arteriosklerotisch bedingten Herz-Kreislauf-Erkrankungen aufweisen. Die positive Beeinflussung von zerebrovaskulären Risikofaktoren führt zu einer verbesserten Gehirndurchblutung.

4.3 Hochregulierung von Nervenwachstumsfaktoren im Gehirn

Nervenwachstumsfaktoren, wie z. B. der BDNF, sind für das Überleben von Nervenzellen im gesamten Gehirn und für das Nervenzellwachstum in bestimmten Gehirnregionen, insbesondere im Hippocampus, von entscheidender Bedeutung (Laske u. Eschweiler 2006). Bei der Alzheimer-Demenz sind die BDNF-Konzentrationen sowohl im Gehirn als auch im Serum erniedrigt (Peng et al. 2005; Laske et al. 2007). Vor dem Hintergrund einer möglichen Homöostase zwischen zerebralen und peripheren BDNF-Spiegeln spielen Thrombozyten als

Hauptspeicher von BDNF im peripheren Blut möglicherweise eine wichtige neuroprotektive Rolle. Untersuchungen hierzu haben gezeigt, dass gerade bei Alzheimer-Patienten die Thrombozyten-Aktivität und die damit korrelierende Freisetzung von BDNF eingeschränkt sind (Laske et al. 2006b). Ein zerebraler BDNF-Mangel könnte durch die Reduktion der neuroprotektiven Mechanismen und der adulten Neurogenese die Vulnerabilität verschiedener Gehirnregionen gegenüber neurotoxischen Substanzen – wie z. b. beta-Amyloid und hyperphosphoryliertem Tau-Protein – erhöhen und damit zur Neurodegeneration bei der DAT beitragen. Für einige demenzpräventive Maßnahmen, wie z. B. körperliche Bewegung und den Einsatz von Statinen, konnte tierexperimentell eine Hochregulierung von BDNF in verschiedenen Gehirnregionen, insbesondere im Hippocampus, gezeigt werden (Laske u. Eschweiler 2006).

4.4 Verminderte Produktion von beta-Amyloid (A) im Gehirn

Die zerebrale Ablagerung von Amyloid-Plaques stellt einen zentralen Bestandteil der Alzheimer-Pathogenese dar. Die Amyloid-Plaques bestehen hauptsächlich aus beta-Amyloid (A). Viele therapeutische Strategien haben eine Absenkung der Amyloid-Plaques im Gehirn zum Ziel. In tierexperimentellen Untersuchungen und in Zellkulturen konnte inzwischen gezeigt werden, dass sowohl einige medikamentöse als auch nichtmedikamentöse Maßnahmen zur Demenzprävention direkten Einfluss auf eine verminderte A-Produktion im Gehirn haben.

4.5 Antiinflammatorische und -oxidative Mechanismen

Im Rahmen der Alzheimer-Pathologie kommt es auch zur Induktion entzündlicher (inflammatorischer) und oxidativer Prozesse im Gehirn. Diese sind die Ansatzpunkte von Statinen, nichtsteroidalen Antiphlogistika und Vitaminen, was deren Wirksamkeit zur Demenzprävention erklären könnte.

5 Resümee

Die Prävention ist zwar ein wichtiger Bestandteil der Medizin des 21. Jahrhunderts, spezielle Vorläufer finden sich hingegen schon im Altertum. So wurden altägyptische Ärzte nur vergütet, solange der Patient gesund blieb; der lateinische Merksatz »mens sana in corpore sano« zielt in die gleiche Richtung.

Im Vorfeld von kognitiven Erkrankungen gibt es nicht »die« präventive Maßnahme, sondern unterschiedliche Zugangswege und Behandlungsebenen (Tabelle 2), wobei die derzeit bekannten präventiven Möglichkeiten bereits im mittleren Lebensalter initiiert werden sollten. Für die Generation 50+ bedeutet dies, dass Fragen zur Erhaltung der Gesundheit und die Entwicklung eigener prophylaktischer Konzepte auch in psychotherapeutischen Behandlungen einen zunehmenden Stellenwert erhalten sollten. Somatische Faktoren tangieren vermehrt seelische Dimensionen, wobei bereits bei der Generation 50+ berücksichtigt werden muss, dass in späteren Lebensabschnitten der Körper zum »Organisator seelischen Erlebens« wird (Heuft et al. 2006).

Bisher gibt es noch keine kurativen Heilmittel gegen die Alzheimer-Demenz, die häufigste Form der Demenzerkrankungen. Aufgrund der demografischen Alterung ist zu erwarten, dass sich die Alzheimer-Demenz zu einer der vorherrschenden Volkskrankheiten entwickeln wird, und deshalb ist die Thematik des gesunden Alterns und der Vorsorgemodalitäten wichtiger denn je.

Bezüglich medikamentöser Maßnahmen konnten Nachweise gefunden werden, dass moderne Antidementiva aus der Wirkgruppe der Cholinesterasehemmer und der Glutamat-Antagonisten sowohl neurodegenerative als auch vaskuläre Krankheitsprozesse verlangsamen, primärpräventive Effekte jedoch konnten noch nicht eindeutig nachgewiesen werden. Der Langzeiteinsatz von Antihypertensiva, Lipidsenkern, NSAP und Östrogen ergab signifikante Hinweise auf ein vermindertes Erkrankungsrisiko, insbesondere für eine Demenz vom Alzheimer-Typ.

Unter den nichtmedikamentösen Maßnahmen fanden sich demenzprophylaktische Auswirkungen bei regelmäßiger körperlicher Bewegung, geistiger Regsamkeit, sozialen Aktivitäten, gesunder (d. h. kalorienarmer und vitaminreicher) Ernährung und leichtem bis mäßigem Alkoholkonsum sowie Kaffeegenuss. Diese Faktoren machen einen gesunden Lebensstil aus, der allgemein zu einem gesunden Altern sowie zu einer erhöhten Lebenserwartung mit einem Gewinn an gesunden Lebensjahren beitragen kann.

Aus der Tabelle 2 wird ersichtlich, dass die Mehrzahl der aufgeführten therapeutischen Aktivitäten im Vorfeld kognitiver Störungen wirksamer sind als bei bereits eingetretener Demenz, und dass die nichtmedikamentöse Prävention mit geringeren Nebenwirkungen verbunden ist. Prävention setzt auf die Eigenverantwortung der Menschen. Dabei sind synergistische Effekte der einzelnen Maßnahmen zu erwarten. Die Motivation für ein gesundes Altern stellt in diesem Zusammenhang die wichtigste Ressource dar, welche z. B. auch in der Psychotherapie bei Noch-Berufstätigen unbedingt gefördert werden sollte.

Maßnahmen	Präventive Effekte	Wirksamkeit bei manifester Demenz	Nebenwirkungen
Medikamentös			
Cholinesterasehemmer / Glutamat-Antagonisten	?	+	Kardial, Asthma, gastrointestinal
Antihypertensiva	+	0	Embolie, Elektrolyte
Statine	+	(+)	Gastrointestinal, Kopfschmerz, Myopathie
Nichtsteroidale Antiphlogistika	+/0	(+)	Ulcus ventriculi
Östrogene	+	0	Karzinomrisiko, Embolie
Impfung gegen Beta-Amyloid	?	?	Meningoenzephalitis
Nicht-medikamentös			
Körperliche Aktivität	+	(+)	Verletzungen
Ausbildung	+	0	
Gedächtnistraining	+	(+)	
Soziale Kontakte / Stimulierende Umgebung	+	?	
Diät / Kalorische Restriktion	+	0	
Antioxidanzien (Vitamine E + C)	+/0	0	
Moderater Alkoholkonsum	+	0	Äthyltoxische Nebenwirkungen
Kaffee	+	0	Unruhe, Nervosität

Tabelle 2: Präventive Maßnahmen zur Verzögerung des Auftretens demenzieller Erkrankungen (+ = wirksam, (+) = fraglich wirksam, ? = Wirkeffekte noch unklar, 0 = kein Effekt belegt)

Literatur beim Verfasser

Korrespondenzadresse:
Priv.-Doz. Dr. med. Christoph Laske
Universitätsklinik für Psychiatrie und Psychotherapie Tübingen
Osianderstrasse 24
D–72076 Tübingen
E-Mail: *christoph.laske@med.uni-tuebingen.de*

Burnout-Syndrom und Psychohygiene an der Arbeitsstelle in der Gerontopsychiatrie

Georg Adler (Mannheim)

Zusammenfassung

Das Burnout-Syndrom findet in den letzten Jahren zunehmend Beachtung, da es mit erheblichen psychischen und körperlichen Gesundheitsgefährdungen verbunden ist. Es ist wahrscheinlich, dass die Tätigkeit in der Gerontopsychiatrie mit einem erhöhten Risiko, ein solches zu entwickeln, einhergeht. Risikofaktoren dafür liegen sowohl in der Person der Betroffenen als auch in den Arbeitsbedingungen. Maßnahmen zur Prävention des Burnout-Syndroms lassen sich unter »drei S« zusammenfassen: Selbstschutz, Sinngebung, Solidarität.

Stichworte: Burnout-Syndrom, Gerontopsychiatrie, Risikofaktoren, Arbeitsbedingungen, Prävention

Abstract: Burnout and mental hygiene at the working place in geriatric psychiatry

Burnout has attracted more and more interest in the recent years as it is related to significant hazards for mental and physical health. Most likely, an occupation in geriatric psychiatry is connected with an increased risk for the development of burnout. Risk factors can be found in the person concerned and in the working conditions. Prevention measures of burnout can be categorized by »three S's«: self-protection, meaning (Sinngebung) and solidarity.

Key words: burnout, geriatric psychiatry, risk factors, working conditions, prevention

Einleitung

Das Burnout-Syndrom ist ein zwar nicht besonders präzise definierter, jedoch gesundheitlich sehr relevanter Zustand, der großes allgemeines Interesse findet. Das spiegelt sich in etwa 450.000 deutschsprachigen Google-Einträgen im

März 2008 zu diesem Stichwort wieder (zum Vergleich: 310.000 Einträge zum Stichwort »Schizophrenie«). Das Burnout-Syndrom ist mit erheblichen körperlichen und psychischen Gesundheitsrisiken verbunden und daher von großer Bedeutung für die Präventivmedizin.

Zunächst werden hier allgemeine Merkmale, Entstehungsbedingungen und Symptomatik dargestellt. Auf dieser Grundlage werden Hinweise zum Umgang mit diesem Zustand und zur Vorbeugung gegeben, die den Besonderheiten des gerontopsychiatrischen Arbeitsfeldes und dem Anliegen dieses Themenhefts Rechnung tragen. Die dargestellten Inhalte sind nur teilweise durch Literaturreferenzen gedeckt, zu weiten Teilen stellen sie »ungesicherte« Überlegungen und Bewertungen des Autors dar. Es bleibt zu hoffen, dass die folgenden Ausführungen, wenn sie auch nicht für jeden überzeugend und zwingend erscheinen, wenigstens anregend sein mögen.

Allgemeine Nosologie

Das Burnout-Syndrom wurde erstmalig in den 70er Jahren von Freudenberger beschrieben (Freudenberger 1974) und umfasst eine Konstellation oder Abfolge verschiedener psychischer Symptome, die nicht sämtlich einen eigentlichen Krankheitswert haben. Das Burnout-Syndrom tritt in engem Zusammenhang mit einer beruflichen oder berufsähnlichen Arbeit auf.

Oft bestehen eine unerklärliche andauernde Tagesmüdigkeit mit Konzentrationsstörungen und verschiedenartige körperliche Symptome wie Schwindel, Hypertonie oder gastrointestinale Beschwerden. Auch Schlafstörungen treten häufig auf. Was das Burnout-Syndrom im Unterschied zu Depressionen, Anpassungsstörungen oder anderen Erschöpfungszuständen auszeichnet, ist die innere Distanzierung von der zuvor als zentral erlebten Berufstätigkeit. Diese Distanzierung zeigt sich in emotionaler Abstumpfung, Widerwillen und Ablehnung, bis hin zu ausgeprägtem Zynismus gegenüber der Tätigkeit, gegenüber den Menschen, denen die Tätigkeit gilt, oder gegenüber den Arbeitskollegen.

Von verschiedenen Autoren wurden Stadien oder Phasen des Burnout-Syndroms beschrieben. Am bekanntesten ist die Einteilung in zwölf Phasen nach Freudenberger und North (1992):
➤ Stadium 1: Das Erfolgsstreben im Beruf verwandelt sich in Zwang und Verbissenheit.
➤ Stadium 2: Der Kräfteeinsatz wird gesteigert.
➤ Stadium 3: Persönliche Bedürfnisse werden vernachlässigt.
➤ Stadium 4: Das daraus entstehende Missverhältnis wird verdrängt.
➤ Stadium 5: Das Privatleben verarmt.

➤ Stadium 6: Denken und Verhalten werden rigide und intolerant.
➤ Stadium 7: Es kommt über Wertindifferenz und Zynismus und
➤ Stadium 8: zum emotionalen Rückzug von der Berufstätigkeit.
➤ Stadium 9: Anhedonie oder
➤ Stadium 10: Ängste und Suchtverhalten treten auf.
➤ Stadium 11: Desinteresse und ein Gefühl der Sinnlosigkeit sowie der
➤ Stadium 12: Apathie und Suizidalität stellen den Endpunkt der Entwicklung dar.

Eine derartige Stadienbeschreibung kann natürlich keine allgemeine Gültigkeit beanspruchen. Sie reflektiert allerdings plausibel verschiedene Zustände des Burnout-Syndroms in Abhängigkeit von äußeren Belastungen, Belastungsreaktionen und individuellem Coping-Stil.

Das Burnout-Syndrom wurde mittlerweile auch in die ICD–10 aufgenommen, nicht unter den Krankheiten im engeren Sinne, aber unter den »Faktoren, die den Gesundheitszustand beeinflussen und zur Inanspruchnahme des Gesundheitswesens führen« in der Abteilung Z73 (Probleme mit Bezug auf Schwierigkeiten bei der Lebensbewältigung). Dort wird »Ausgebranntsein (Burnout)« mit dem Untertitel »Zustand der totalen (sic!) Erschöpfung« unter der Nummer Z73.0 in der Nachbarschaft von Z73.1 (»Akzentuierung von Persönlichkeitszügen«) und Z73.4 (»Unzulängliche soziale Fähigkeiten, andernorts nicht klassifiziert«) kodiert. In der Konzeptualisierung der ICD–10 stellt das Burnout-Syndrom primär eine Belastung durch intrapsychische Vorgänge dar, da vor der Feststellung einer Diagnose aus dem Bereich Z73 grundsätzlich Diagnosen aus den Bereichen Z55-Z65 (Probleme mit Bezug auf sozioökonomische oder psychosoziale Umstände) ausgeschlossen werden sollen, wie z. B. Z56.2 (Drohender Arbeitsplatzverlust) oder Z56.4 (Unstimmigkeiten mit Vorgesetzten oder Arbeitskollegen).

Die Stärke des Burnout-Begriffes liegt weniger in einer überzeugenden Symptomkonstellation oder in der charakteristischen Stadienabfolge sondern in der Konzeptualisierung nach Ursachen. Hinsichtlich der Ätiologie des Burnout-Syndroms bestehen klare umrissene Vorstellungen. Zwei Faktoren, ineinander verschränkt, spielen dabei die entscheidenden Rollen: Das sind zum einen Merkmale der Arbeitsumgebung, insbesondere hohe Leistungsanforderung, hohe externe Bestimmung und Kontrolle sowie geringe Erfolgserlebnisse. Zum anderen sind es Persönlichkeitsmerkmale des Individuums, nämlich hohe Einsatzbereitschaft und Hingabe an die Tätigkeit bei geringen Möglichkeiten zur Abgrenzung und zum Selbstschutz. Diese sozialen und individuellen Faktoren greifen ineinander, wobei es müßig ist, darüber zu theoretisieren, auf welcher Seite die entscheidende Krankheitsursache liegt. Es wurden verschiedene Modelle entwickelt, die das Zusammenwirken von

Faktoren der Arbeitsumgebung und der Persönlichkeit bei der Entstehung des Burnout-Syndroms beschreiben (Cordes u. Dougherty 1993). Medizin und Psychologie haben eine Tendenz, das betroffene Individuum in die Verantwortung zu nehmen. Das kann therapeutisch sinnvoll sein. Andererseits sollen gesellschaftlichen Bedingungen und Verantwortliche klar benannt werden und nicht von vornherein aus therapiepragmatischen Gründen unberücksichtigt bleiben.

Bei zahlreichen psychischen Syndromen insbesondere im Bereich der Persönlichkeits- und Neurosenpsychologie sind die gesellschaftlichen Bedingungen dafür entscheidend, ob wir es mit einer Krankheit bzw. »Störung« zu tun haben oder nicht. So mögen hohe Leistungsbereitschaft und Einsatzfreude verbunden mit einem geringen Bedürfnis, sich zu schonen, unter gesellschaftlichen Bedingungen, die zu großen Teilen von Profitmaximierung und rücksichtsloser Ausbeutung bei geringer echter Fürsorge für den Nächsten geprägt sind, ein Erkrankungsrisiko darstellen. Unter freundlicheren gesellschaftlichen Bedingungen müssten sie sich solche Persönlichkeitsmerkmale nicht so negativ auf ihren Träger auswirken.

Es ist kein Zufall, dass das Burnout-Syndrom Anfang der 70er Jahre erstmals bei Angehörigen der Heilberufe beschrieben wurde. Naturgemäß sammeln sich in den Heilberufen zahlreiche Menschen, die diese Arbeit über ihre persönlichen Bedürfnisse stellen und so eine wesentliche Voraussetzung für das Burnout-Syndrom mitbringen, nämlich die Bereitschaft zur Selbstausbeutung für ein höheres Ziel, von dessen Sinnstiftung sie aus verschiedenen Gründen abhängig sein können. Gesicherte epidemiologische Erkenntnisse über Prävalenz, Folgekosten oder Prognose des Burnout-Syndroms liegen bislang noch nicht vor, was möglicherweise dem entwicklungsbedürftigen Stand des Forschungsgebietes, unscharfen diagnostischen Kriterien und einer gewissen Zirkularität geschuldet ist (Rösing 2003).

Risikofaktoren auf Seiten der Betroffenen

Ein erhöhtes Risiko für die Entwicklung eines Burnout-Syndroms besteht bei Menschen, die hohe Ansprüche an sich stellen und bei denen die berufliche Tätigkeit außer dem Erwerb des Lebensunterhalts auch in hohem Maße persönlichkeitsbedingten Bedürfnissen (Existenzberechtigung, Kompetenznachweis, Selbstrechtfertigung, Sinnstiftung oder Aufwertung) dienen soll. Derartige Konstellationen bestehen in gewissem Umfang bei jedem, dem seine Tätigkeit nicht persönlich völlig gleichgültig ist. Sie bestehen jedoch gehäuft bei narzisstischen, depressiven, ängstlich-unsicheren oder zwanghaften Persönlichkeiten. Diese Persönlichkeitsmerkmale stellen gewissermaßen

»positive« Risikofaktoren für die Entwicklung eines Burnout-Syndroms dar. Gemeinsam ist ihnen, dass der Berufstätigkeit eine überhöhte Wichtigkeit beigemessen wird, bei verringerter Aufmerksamkeit und Schutzbereitschaft für die Privatsphäre und die psychische und physische Integrität.

Aber auch andere Merkmale des Individuums können das Risiko für die Entwicklung eines Burnout-Syndroms erhöhen. Das sind Merkmale, die ganz allgemein mit einer verringerten Resilienz (Widerstandsfähigkeit) oder mit einem dysfunktionalen Coping-Stil verbunden sind, wie z. B. einer erhöhten Vulnerabilität für Depressionen oder Angsterkrankungen. Bedeutsam ist in diesem Zusammenhang auch die sekundäre Aktivierung problematischer Verhaltensweisen, insbesondere der verstärkte Konsum von Alkohol, Nikotin, Haschisch oder anderen Suchtmitteln. So lässt sich die Entwicklung eines Burnout-Syndroms – wie die Entwicklung anderer psychischer Störungen – am besten durch ein Vulnerabilitäts-Stress-Modell beschreiben.

Eine besondere Gefährdung für die ›Jungen Alten‹ unter den Ärzten ergibt sich zum einen daraus, dass sie im Zuge ihrer beruflichen Karriere häufig in ärztlich letztverantwortlichen Positionen angelangt sind. Sie müssen den schwierigen Spagat zwischen einer guten medizinischen Versorgung und den oft unzureichenden betriebswirtschaftlichen Vorgaben fertigbringen. Sie verantworten damit eine Aufgabe, die als besonders belastend erlebt wird. Zum anderen stehen sie den gerontopsychiatrischen Patienten vom Alter her nicht mehr so fern, sodass sie angesichts dieser Patienten mit einem möglichen zukünftigen Schicksal im Alter dauernd konfrontiert werden.

Risikofaktoren auf Seiten der beruflichen Tätigkeit

Ein hohes Risiko für das Burnout-Syndrom besteht bei Pflegepersonen, Lehrern und Ärzten. Diese Berufe zeichnen sich typischerweise durch intensive individuelle Zuwendung und hohen persönlichen Einsatz aus. Diesem Einsatz stehen im Gegenzug häufig kaum sichtbarer Erfolg, wenig positive Rückmeldung und eine nur geringe Vergütung gegenüber.

Das Missverhältnis von hohem Einsatz und niedrigem Ertrag wird als »Gratifikationskrise« bezeichnet und gilt als wichtiger Auslöser für das Burn-out-Syndrom. Dieses Missverhältnis liegt teilweise in der Natur der ausgeübten Tätigkeit. Insbesondere bei der Betreuung von behinderten, chronisch oder unheilbar kranken Patienten lassen sich oft keine offensichtlichen Fortschritte und Erfolge erzielen. Entsprechend groß ist das Bedürfnis – im Gegensatz zum ersten Augenschein – dennoch aus der Tätigkeit einen positiven Ertrag für sich herauszuschlagen. Dies kann durch die erlebte Dankbarkeit der Betreuten geschehen, durch die aufmerksame und begeisterte Wahrnehmung auch ihrer kleinsten Fortschritte oder durch ein Sich-Mitfreuen an ihrem Lebensvollzug, der dann beispielsweise als »überraschend positiv« oder »menschlich großartig« geschildert und teilweise mit mystischen und für den Betreuer sinnstiftenden Qualitäten erlebt wird. Grundsätzlich erscheint es sinnvoll, die »Gratifikationskrise« derartig zu mildern, zumal darin auch eine Form der Zuwendung zu den Betreuten zum Ausdruck kommt, die sie aufwerten. Andererseits ist es nicht unproblematisch, das Verhältnis zwischen Betreuer und Betreutem so zu überhöhen und emotional so stark aufzuladen.

Unter diesem Gesichtspunkt ist die Gerontopsychiatrie mit einem besonders hohen Burnout-Risiko verbunden. Dem Einsatz für die betagten, häufig chronisch und multimorbid erkrankten Patienten steht häufig nur ein geringer sichtbarer therapeutischer Erfolg gegenüber. Zusätzlich ist der Umgang mit den Älteren problematisch und steht im Spannungsfeld von Übertragungsphänomenen, Abgrenzungsproblematik, Höflichkeitsnorm und patronisierenden Umgangsformen. Der emotionale Kontakt mit den schwerkranken, häufig dem Tode nahen Patienten und ihren Angehörigen ist emotional oft sehr anstrengend und stimuliert auch ständig Gedanken und Ängste vor dem eigenen Alter und vor Krankheit und Tod.

Dazu kommt, dass der Erfolg und der Sinn der gerontopsychiatrischen Arbeit durch die Kostenträger und ihre Institute (MDK oder IQWIG) fortwährend von außen in Frage gestellt werden. Seit etwa 15 Jahren wird in Deutschland die Finanzierung des Gesundheitswesens mit dem unzutreffenden und demagogisch benutzten Vorwand einer »Kostenexplosion« unter dem Schlagwort der »Kostendämpfung« nicht mehr bedarfsgemäß weiterentwickelt. Die Kosten des Gesundheitswesens belaufen sich ohne wesentliche Änderung während dieses gesamten Zeitraums auf etwa 11% des Bruttoinlandsprodukts. Gleichzeitig hat mit dem demografischen Wandel der Anteil der Älteren und damit auch die allgemeine Morbidität und der Bedarf an medizinischen Leistungen zugenommen. Die wahrnehmbar verschlechterte Versorgungsleistung und die niedrige Vergütung führen bei vielen Leistungserbringern zu Unzufriedenheit. Der erhöhte Arbeits- und Zeitdruck geht auf Kosten des kollegialen Miteinanders. Es fehlt z.B. ein sorgfältiges und angemessenes Mentorierung der jüngeren durch die älteren Mitarbeiter. Die Folgen sind Verschlechterung des Arbeitsklimas und häufige Personalwechsel. Diesen gesundheitspolitischen Veränderungen entspricht auf allgemein-politischer Ebene die weiterhin bestehende Stigmatisierung des Alters als prinzipiell defizitärem Zustand vor dem Hintergrund einer durch die Globalisierung angeheizten, rasant fortschreitenden Entsolidarisierung der Gesellschaft. Von daher erscheinen auch die politischen Rahmenbedingungen gerontopsychiatrischer Arbeit durchaus geeignet, das Risiko für die Entwicklung eines Burnout-Syndroms zu erhöhen.

Das Burnout-Syndrom ist geeignet, erheblichen wirtschaftlichen Schaden zu verursachen, ohne dass sich dieser allerdings bislang sinnvoll quantifizieren lässt. Von daher hat sich auch die Arbeits- und Organisationspsychologie eingehend mit diesem Thema beschäftigt. Man merkt den Lösungsvorschlägen an, dass diese Disziplin gesellschaftlich eindeutig situiert ist. Es werden die bekannt schiefen »win-win«-Szenarien entworfen, als deren Resultat durch Motivationsgurus noch das Letzte an Einsatzbereitschaft aus den Leistungserbringern herausgekitzelt werden soll.

Behandlung des Burnout-Syndroms

Vor der Behandlung des Burnout-Syndroms besteht wie bei allen Psychosomatosen die Notwendigkeit einer organischen Abklärung körperlicher Beschwerden sowie einer psychiatrischen Differenzialdiagnostik insbesondere im Hinblick auf depressive oder somatoforme Störungen. Es empfiehlt sich für die Betroffenen, diese Abklärung nicht in eigener Regie und Kompetenz durchzuführen, sondern dafür Hilfe in Anspruch zu nehmen.

Ein wesentlicher Gesichtspunkt bei der Entwicklung des Burnout-Syndroms ist, dass das Sicherheitsventil, das uns bei Überforderung »Dampf ablassen« lässt, klemmt. Wir können uns bei Überlastung nicht »ausklinken«, die »Reißleine« funktioniert nicht mehr. Daher besteht der erste und notwendige Schritt bei der Therapie des Burnout-Syndroms darin, diesen lebensnotwendigen Selbstschutzmechanismus wieder zu installieren. Dazu müssen die Betroffenen lernen, ihre eigenen Bedürfnisse und Belastungsgrenzen wahrzunehmen und sie zu akzeptieren. Das kann mit der als überraschend empfundenen Erkenntnis verbunden sein, auf Unterstützung angewiesen und nicht unersetzlich zu sein.

Geradezu kontraproduktiv erscheinen die vor allem von Seiten der Arbeits- und Organisationspsychologie propagierten Motivierungs-Seminare, bei denen die »Schutzabschaltung« des Individuums, als die man das Burnout-Syndrom in Teilen auch verstehen kann, durch Einstellungsänderung (»positive thinking« etc.) noch einmal überbrückt werden soll. Solche »Behandlungsversuche« können die Problematik weiter verschärfen, indem sie die Betroffenen aktiv am Umdenken hindern und sie zur Selbstverausgabung bis zum Letzten anhalten.

In vielen Fällen erscheint ein Wechsel der Arbeitsstelle oder des Arbeitsbereichs sinnvoll. So war bei der qualitativen Untersuchung von Kutschera (2007) eine erfolgreiche Bewältigung des Burnout-Syndroms bei den meisten der Betroffenen mit dem Wechsel der Arbeitsstelle verbunden.

Prävention

Die wichtigsten präventiv wirksamen Maßnahmen gegen das Burnout-Syndrom lassen sich unter »drei S« zusammenfassen:
1. Selbstschutz,
2. Sinngebung,
3. Solidarität.

Selbstschutz

Die Wahrnehmung und die Akzeptanz der eigenen Bedürfnisse und der eigenen Belastungsgrenzen müssen geschärft werden. In Überforderungssituationen müssen Maßnahmen zur eigenen Entlastung konsequent durchgeführt werden.

Sinngebung

Von wesentlicher präventiver Bedeutung für das Burnout-Syndrom ist der Sinn, der der Berufstätigkeit abgewonnen wird. Daher ist es wichtig, auf den Sinn der Arbeitstätigkeit zu achten, ihn erforderlichenfalls neu zu fassen oder umzudefinieren, um das salutogenetisch wertvolle Kohärenzgefühl (»sense of coherence«, Antonovsky 1979) zu gewährleisten. Es ist im Allgemeinen nicht sinnvoll, den Lebenssinn oder die Freude am Leben auf spätere Lebensepochen aufschieben zu wollen. Sollte es unter den gegebenen Arbeitsverhältnissen nicht möglich sein, der aktuell ausgeübten Tätigkeit ausreichend Sinn abzugewinnen, empfiehlt es sich, ernsthaft berufliche Alternativen zu prüfen.

Solidarität

Die Arbeitskollegen sind eine wesentliche Quelle für Wertschätzung und Sinnstiftung. Nicht genug kann an dieser Stelle auf die Bedeutung eines guten kollegialen Umgangs und auf die Verantwortung der Vorgesetzten hingewiesen werden. Die Wahrnehmung der Leistungen und der Belastungen der Mitarbeiter und ihre Anerkennung und Wertschätzung im Arbeitsalltag sind eminent wichtig für die Prävention des Burnout-Syndroms. Daher ist es notwendig, auf die zwischenmenschlichen Beziehungen und auf guten kollegialen Umgang zu achten, Hilfe und Unterstützung von den Kollegen erforderlichenfalls zu erbitten und anzunehmen. Im Arbeitsalltag muss Zeit für die kollegiale Kommunikation vorgesehen werden. Supervision, Teamsupervision durch externe Experten oder Mentorenkonferenzen für jüngere Mitarbeiter können hilfreich sein.

Personalabteilungen schmücken sich neuerdings gerne mit der Bezeichnung »human ressources«. Wenn wir diesen Begriff ernst nehmen, dann bestehen die menschlichen Ressourcen einer Klinik im Wesentlichen aus der noch verbleibenden Lebensarbeitszeit jedes einzelnen Mitarbeiters – und aus unserer eigenen. Damit müssen wir behutsam und verantwortungsbewusst umgehen.

Literatur

Antonovsky A (1979) Health, stress and coping. Jossey-Bass (San Francisco).

Cordes CL, Dougherty TW (1993) A review and integration of research on job burnout. Academy of Management Reviews 18: 621–656.

Freudenberger H (1974) Staff burn-out. Journal of Social Issues 30: 159–165.

Freudenberger H, North G (1992) Burn-out bei Frauen. Krüger (Frankfurt/M.).

Kutschera S (2007) Burnout Syndrom: Ursachen und Bewältigungsstrategien unter Berücksichtigung von persönlichkeits- und strukturzentrierten Ansätzen. Diplomarbeit ARGE Bildungsmanagement (Wien).

Rösing I (2003) Ist die Burnout-Forschung ausgebrannt? Analyse und Kritik der internationalen Burnout-Forschung. Asanger (Kröning).

Korrespondenzadresse:
Prof. Dr. Georg Adler
Institut für Studien zur Psychischen Gesundheit (ISPG)
Friedrichsplatz 12
68165 Mannheim
E-Mail: *adler@ispg-mannheim.de*

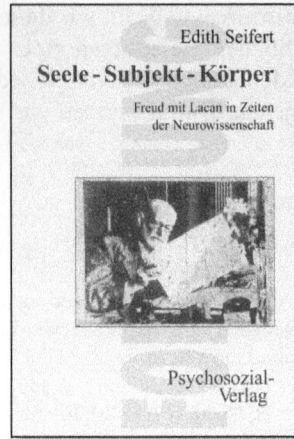

Betriebe brauchen Fachpersonen für Alters- und Generationenfragen

Ruth Frei (Hitzkirch)

Zusammenfassung

Die Spatzen pfeifen es von den Dächern: Wir können es uns bereits heute und in Zukunft immer weniger leisten, das Erfahrungswissen und die Kompetenzen älterer Mitarbeiter und Mitarbeiterinnen brachliegen zu lassen. Der demografisch bedingte Altersstrukturwandel und daraus folgende Veränderungen werden längst nicht mehr nur in gerontologischen Kreisen sondern in der breiten Öffentlichkeit thematisiert. Die Frage ist aber, welche Rahmenbedingungen es braucht, damit das geforderte Zusammenspiel zwischen Jung und Alt in den Betrieben funktioniert. Eine neue Ausbildung für Betriebsgerontologie, die auf individualpsychologischem Gedankengut basiert, schließt eine Marktlücke und eröffnet Perspektiven für ältere und langjährig Mitarbeitende.

Stichworte: Betriebsgerontologie, Individualpsychologie, ältere Mitarbeitende, Generationen, Seniorenmarketing, Bildung

Abstract: Companies need specialists for age and generation issues

It is nothing new: Already today and even more in the future we cannot afford to let experience and the competence of older staff lie idle. The change in age pattern based on demographic reasons and the alteration it results in are not only discussed in gerontological circles, but also in the general public. However, the question of which basic conditions are required in order to make the demanded interaction between young and old possible in the companies arises. A new training for gerontology in companies based on individual psychological ideas bridges a gap in the market and offers new perspectives for elderly and long time staff.

Key words: gerontology in companies, individual psychology, elderly staff, generations, senior marketing, education

Neues Bildungsangebot: Betriebsgerontologie
In Zusammenarbeit mit dem Soziologen und Altersforscher Prof.
Dr. François Höpflinger und dem universitären Institut Alter und
Generationen (INAG) lanciert das Alfred Adler Institut in Zürich ab
Januar 2009 eine Aus- und Weiterbildung für Betriebsgerontologie.
Die intergenerative gerontologische Weiterbildung für die Berufspraxis
mit individualpsychologischem Schwerpunkt setzt auf die Ausbildung
von Spezialistinnen und Spezialisten für Alters- und Generationen-
fragen in Unternehmen, Verwaltungen und Institutionen.
»Alfred Adler Institut« – www.alfredadler.ch

Schlagwörter oder Wirklichkeit?

Die Arbeitsfähigkeit von älteren Mitarbeitenden wird künftig immer wichtiger! Die Potenziale der Älteren müssen im Betrieb zum Tragen kommen.
Der Wissenstransfer zwischen Jung und Alt ist ein Muss. Es gilt, auf die
gewandelten Bedürfnisse der älteren Generationen einzugehen sowie entsprechend neue Angebote zu gestalten. Bloß schöne Worte? Fragt man den
Schweizer Soziologen und Altersforscher François Höpflinger, dann wird
schnell klar, dass es aufgrund der demografischen Entwicklung künftig immer wichtiger wird, die intergenerative Zusammenarbeit am Arbeitsplatz zu
stärken. Wir können es uns nicht mehr leisten, auf das Potenzial der Älteren
zu verzichten.

Hinzu kommt, dass altersgemischte Teams in der Arbeitswelt enorme
Stärken haben, weil die Mitarbeiter gegenseitig voneinander profitieren können. Gleichzeitig ist die generationenübergreifende Zusammenarbeit in den
Betrieben mit einigen Stolpersteinen verbunden. Es stellen sich grundlegende
Fragen, mit denen sich kleinere und grössere Unternehmen, aber auch die
einzelnen Mitarbeitenden auseinandersetzen müssen. Wie kann das Potenzial
der Älteren in den Betrieben gestärkt werden? Und welche Voraussetzungen
sind nötig, damit die Zusammenarbeit zwischen Alt und Jung funktioniert?
Fragt man ältere Mitarbeitende nach ihren Vorstellungen, dann wünschen
sie sich, wie beispielsweise die 56-jährige Anna M., die als Abteilungsleiterin
in einem grösseren Warenhaus arbeitet, »Wertschätzung meiner Arbeit, obwohl ich nicht mehr die Jüngste bin, und Zukunftsperspektiven, die ich im
Rahmen meiner Möglichkeiten entwickeln kann«. Ist das ein Wunschtraum
oder Wirklichkeit?

Gemeinschaft fördern und ermutigen

Betriebe und Unternehmen brauchen Fachpersonen, die das Know-how haben, um sich mit intergenerativen Fragestellungen und mit veränderten Ansprüchen der älteren Generation auseinanderzusetzen. Um es mit den Worten des Soziologen François Höpflinger zu formulieren: Gefordert ist Kompetenz in Bezug auf Alters- und Generationenfragen vor allem auch in der Arbeitswelt, eine Forderung, die für Betriebe durchaus auf breiter Ebene gewinnbringend sein kann. Schafft es ein Unternehmen, die Stärken der Jüngeren und der Älteren unter einen Hut zu bringen, steigert dies nicht bloss die Produktivität des Betriebs, sondern auch die Befindlichkeit und damit die Motivation der einzelnen Personen. Damit geht die Rechnung letztendlich sowohl für Arbeitgebende als auch für Arbeitnehmende auf.

Viele Betriebe und Unternehmen haben heute erkannt, wie wichtig die Beschäftigung mit Generationen- und Altersfragen am Arbeitsplatz ist, und sie beauftragen bestimmte Personen mit dieser Aufgabe. Was als Grundlage oft fehlt, ist entsprechendes Fachwissen. Das *Alfred Adler Institut* in Zürich bietet nun in Zusammenarbeit mit dem universitären *Institut Alter und Generationen* eine auf die speziellen Bedürfnisse in Unternehmen, Verwaltungen und Institutionen ausgerichtete Weiterbildung für Betriebsgerontologie an. Diese basiert auf einem individualpsychologischen Schwerpunkt und beinhaltet damit einen gemeinschaftsfördernden und ermutigenden Ansatz. Sie ermöglicht eine persönliche Auseinandersetzung mit den verschiedensten Facetten des Alterns und vermittelt fundiertes gerontologisches Wissen. Die Inhalte sind so ausgerichtet, dass sie sowohl am Arbeitsplatz als auch in Bezug auf die persönliche Weiterentwicklung genutzt werden können.

Die Zufriedenheit am Arbeitsplatz stärken

Dass die Stärkung von langjährigen und älteren Mitarbeitenden in Betrieben brachliegt, ist zwischenzeitlich längst klar geworden. Nicht bloß in gerontologischen Kreisen, sondern auch in der Öffentlichkeit wird betont, dass vor allem auf Grund der demografischen Entwicklung bereits heute und künftig immer weniger auf das Knowhow und das Engagement älterer Mitarbeitenden in den Betrieben verzichtet werden kann. Aussagen älterer Mitarbeitender ergeben im Gegensatz dazu aber nicht selten ein eher deprimierendes Bild. Hört man sich im Kreise der Über-50-Jährigen um, so können viele von ihnen kaum erwarten, bis sie ihre Pensionierung einleiten und sich aus dem Arbeitsprozess (endlich) ausklinken können, und dies nicht bloß, weil sie sich auf die Freiräume nach der Pensionierung freuen. Aussprüche, wie diejenige des 61-jährigen Viktor

B., der seit gut 30 Jahren im selben Betrieb als Bibliothekar arbeitet, sind gang und gäbe. »Ich bin froh, wenn ich endlich aufhören kann. Ich habe keine Lust mehr, in diesem Gerangel mit den Jungen mitzumachen.« Ähnlich ist die Situation der 56-jährigen Edith O., die nur darauf wartet, bis sie keine finanzielle Unterstützung mehr an ihre Kinder leisten muss, damit sie ihren Sekretärinnen-Job endlich an den Nagel hängen und möglichst gleichzeitig mit ihrem um drei Jahre älteren Mann in Pension gehen kann.

Hoffnungen, dass mit der Pensionierung »dereinst alles besser werde«, können sich aber leicht zerschlagen, wenn Menschen abgekämpft und frustriert ins Rentenalter eintreten. Diverse gerontologische Forschungsergebnisse bestätigen, wie wichtig die mittlere Lebensphase für die Gestaltung neuer Perspektiven im Pensionsalter ist (Perrig-Chiello u. Höpflinger 2004). Deshalb ist es nebst der Gestaltung des sozialen und privaten Umfelds von großer Bedeutung, wie die Jahre am Ende der beruflichen Laufbahn gestaltet werden. Ein Absolvent des Berner Studiengangs für Gerontologie analysierte kürzlich die Situation von Über-50-Jährigen und die Bedeutung ganzheitlicher Bildung für die Weiterentwicklung des Lebenskonzeptes in der dritten Lebensphase.

Herausforderung: Alt werden im Betrieb

Damit sie motiviert und zufrieden bis zum offiziellen Pensionsalter arbeiten können, erwarten die Befragten eine sinnvolle Arbeit, aber auch Wertschätzung und Respekt sowie den Austausch von Erfahrungen und ausgewiesene Zeiten für Bildung, so lautete ein Ergebnis der Befragung. Angeprangert wurde, dass die immer größer werdende Belastung im Arbeitsalltag ein Hindernis für ein stärkeres Engagement in der Bildung sei. Es besteht ein Bedarf an Bildungszeiten und Freiräumen dafür. Durrer (2007), der Gespräche mit 30 älteren Mitarbeitenden führte, ist überzeugt, dass vermehrt Engagement für konkrete unternehmensspezifische Projekte gebraucht wird. Bildung ist als lebenslanger Prozess notwendig, der in das individuelle Lebenskonzept integriert ist, so lautet eines seiner Postulate – und das tut Not!

Ältere Mitarbeitende haben gleichzeitig zwei Herausforderungen zu meistern: Zum einen stehen sie in einer manchmal noch Jahre dauernden Erwerbsarbeit, die es sinnvoll zu gestalten gilt, zum anderen muss man sich auf eine frei gestaltbare Zeit nach der Pensionierung einstellen.

Was nutzt es dem Betrieb, wenn er die Auseinandersetzung mit alters- und generationenspezifischen Fragen fördert und sich für interne oder externe Weiterbildung der Mitarbeitenden stark macht? Wenn es gelingt, das Wohlbefinden von älteren und jüngeren Mitarbeitenden mit ganzheitlichen Bildungsangeboten zu verbessern, wirkt dies motivierend und steigert die Arbeitszufriedenheit. Davon ist Durrer auf Grund seiner Gespräche mit älteren Mitarbeitenden überzeugt. Dies ist dann der Gewinn für den Betrieb und auch für die Gesellschaft.

Nicht zu vergessen ist aber auch, dass Bildung über die Phase des Erwerbslebens hinaus heute zunehmend an Bedeutung gewinnt. Zukunftsweisend dürften Bildungsangebote für ältere Mitarbeitende sein, die sowohl deren Kompetenzen stärken, damit diese im Betrieb gewinnbringend eingebracht werden können, als auch die Grundlagen schaffen, die im privaten Umfeld genutzt werden können.

Knackpunkte: Altersdiversität und Generationenmanagement

Besonders wichtig ist, laut der Gerontologin Susanne Blum, dass das Potenzial von langjährigen und älteren Mitarbeitenden mit Hilfe einer Karriereplanung über die Lebensspanne hinweg gestärkt wird. Wenn dies gelingt, eröffnen sich neue Perspektiven für den Einzelnen aber auch für den Betrieb und es wird dann möglich, dass das enorme Erfahrungswissen besser eingebracht werden kann. Die Auseinandersetzung mit gerontologischen und intergenerativen Fragestellungen ist für die einzelnen Mitarbeitenden, für ganze Teams und für den Betrieb von großem Nutzen, erklärte sie als Leiterin des neuen betriebsgerontologischen Studiengangs am Alfred Adler Institut in Zürich.

Der demografische Wandel, der Wandel des Zeitgeistes und wechselnde Anforderungen in der Arbeitswelt erfordern von Unternehmen heute, dass sie ihre Zielsetzungen und Systeme um den Aspekt der Altersdiversität erweitern, davon ist Susanne Blum überzeugt. Sie verweist auf die Ausführungen von Oertel (2007), der die Einführung eines »Generationenmanagements« als notwendig ansieht, durch das die optimale Nutzung der Mitarbeiterpotenziale im Zusammenhang mit der Altersdiversität erreicht werden kann. Wichtig ist dabei aber, dass ein solches Generationenmanagement sich nicht allein auf interne Abläufe ausrichtet, sondern auch Außenbeziehungen einbezieht, wie unter anderem den generationengerechten Umgang mit der Kundschaft.

Der Fokus dieser Arbeit muss auf die Ausbildung von sogenannten Multiplikatoren gesetzt werden, die im Unternehmen ein Konzept für die Umsetzung eines Generationenmanagements entwickeln. Fachlich fundierte betriebsnahe Projekte können außerdem zur Umsetzung einer solchen Konzeption beitragen.

Qualitäten in Alters- und Generationenfragen gefordert

Die Führungsverantwortlichen haben es in der Hand, Veränderungen im Betrieb einzuleiten? Sie benötigen aber Grundlagen für eine konstruktive Zusammenarbeit der Mitarbeitenden aus den unterschiedlichen Generationen. Private Umfragen bei Banken, Verwaltungen und Betrieben im Gesundheits- und Sozialwesen zeigen auf, dass diesbezüglich ein Bildungsmanko besteht. Großes Interesse an Fortbildung gilt vor allem Kurzangeboten, die im Rahmen von inhouse-Veranstaltungen mit dem Ziel der Sensibilisierung für diese Thematik und zum schnellen Erwerb von generationen- und altersspezifischen Grundlagenwissen gebucht werden. Diesem Anliegen wird das Alfred Adler Institut gerecht, indem das betriebsgerontologische Angebot inhaltlich und zeitlich an die Bedürfnisse von einzelnen Betrieben und Unternehmen angepasst wird.

Gespräche im Umfeld solcher Aktivitäten zeigen den Bedarf an Weiterbildung für Personen mit Kundenkontakt resp. für Marketingverantwortliche, die mit der Generation 50plus zu tun haben. Nachholbedarf besteht bei fundiertem Wissen und bei Informationen, wie im Umgang mit spezifischen Kundensegmenten Generationenunterschiede berücksichtigt werden müssen.

Zukunftsweisende Maßnahmen und Strategien

Wie Durrer (2007) aufzeigen konnte, besteht vor allem bei älteren Mitarbeitenden der Wunsch nach ganzheitlichen Bildungskonzepten sowie nach Bildungscoaching und damit der Wunsch, im beruflichen und persönlichen Umfeld neue Perspektiven entwickeln zu können. Auf dem Markt haben aber anscheinend Angebote, »die sich explizit an ältere Menschen richten«, kaum Chancen, so der Bildungsverantwortliche eines großen schweizerischen Bildungsanbieters. Angebote, die auf die generationenübergreifende Zusammenarbeit ausgerichtet sind und Jüngere wie Ältere ansprechen, sind im Trend, was – notabene – die Auseinandersetzung mit der Altersthematik nicht ausklammert. Dass mit solchen Angeboten Grundlagen gelegt werden können, um die Motivation im Arbeitsumfeld und im Privaten zu stärken, liegt sozusagen auf der Hand. Auf diese Weise kann vor allem bei älteren Mitarbeitenden das Ziel erreicht werden, der »inneren Kündigung« bzw. einer vorzeitigen Pensionierung entgegenzuwirken, was marktwirtschaftlich heute und vor allem längerfristig mehr als wünschenswert ist. Fortschrittliche Betriebe haben zudem längst erkannt, dass auf die sogenannten »Schlüsselmitarbeiter« (Oertel 2007) heutzutage nicht mehr verzichtet werden kann. Bemühungen, dass die Älteren in den Betrieben ihre Kenntnisse weitergeben, bevor sie das Unternehmen verlassen, sind deshalb von großer Bedeutung.

Weil die Auseinandersetzung mit Alters- und Generationenfragen nebst der Verbesserung des Dialogs zwischen den Generationen im Unternehmen auch der persönlichen Karriere- und Persönlichkeitsentwicklung dient, liegt darin ein Stück Zukunftspotenzial. Die Auseinandersetzung ist sowohl für jüngere wie auch ältere

Mitarbeitende von Bedeutung. Ein spezieller Nutzen kann sich daraus für ältere Mitarbeitenden außerdem ergeben, wenn sie am Ende ihrer Erwerbslaufbahn dank der Verbindung von betriebsgerontologischer Spezialisierung und praktischer (Lebens-)Erfahrung als Experten für das Generationenmanagement mit Beratungsmandat herbeigezogen werden können. Damit kann eine wichtige Grundlage für das Eröffnen neuer Handlungsfelder im Alter geschaffen werden.

Fazit

Große Entwicklungsmöglichkeiten liegen in der Zusammenarbeit zwischen Alt und Jung in den Betrieben. Unternehmen, die Fachpersonen zur Verfügung haben, die sich kompetent mit intergenerativen Fragestellungen beschäftigen, schaffen Grundlagen, damit altersgemischte Teams optimal zusammenarbeiten können. Angesichts der demografischen Alterung liegt es auf der Hand, dass Unternehmen gefordert sind, mit ihren Angeboten und dem nötigen Hintergrundwissen auf die veränderten Ansprüche der Generation 50plus einzugehen. Innovative Betriebe haben dies längst erkannt. Sie setzen auf zukunftsweisende Strategien und erhöhen damit auch ihre Marktkompetenz. Die kompetente Beschäftigung mit Generationen- und Altersfragen ist auf breiter gesellschaftlicher Ebene und speziell auch in Unternehmen, Verwaltungen und Institutionen auf Grund des Altersstrukturwandels zwingend. Sie ist aber auch sehr spannend und vor allem vielversprechend.

Literatur

Durrer P (2007) Ältere Mitarbeitende als Lebensunternehmer. Die Bedeutung ganzheitlicher Bildung. Diplomarbeit NDS Gerontologie. Bern (HSA).

Oertel J (2007) Generationenmanagement in Unternehmen. Deutscher Universitäts-Verlag (Wiesbaden).

Perrig-Chiello P, Höpflinger F (2004) Jenseits des Zenits. Frauen und Männer in der zweiten Lebenshälfte. Bern (Haupt).

Korrespondenzadresse:
Ruth Frei
Redaktorin Pflegemagazin NOVAcura
Rebmesserweg 4b
CH–6285 Hitzkirch
E-Mail: *freiruth@bluewin.ch*

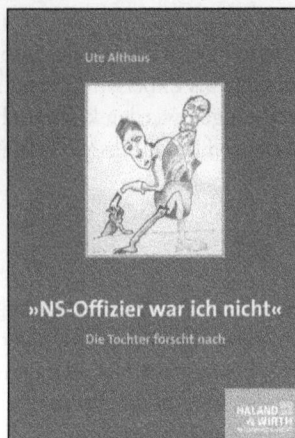

Verwirklichung von Teilhabe-Potenzialen im mittleren und höheren Erwachsenenalter

Andreas Kruse und Eric Schmitt (Heidelberg)

Zusammenfassung

Die Veränderungen im Altersaufbau der Bevölkerung haben zur Folge, dass dem sozialen und politischen Engagement von Menschen im höheren Erwachsenenalter in Zukunft eine noch stärkere Bedeutung für den Zusammenhalt und die Innovationsfähigkeit der Gesellschaft zukommen wird. Der vorliegende Beitrag gibt zunächst auf der Grundlage der zum dritten Messzeitpunkt der Interdisziplinären Längsschnittstudie des Erwachsenenalters (ILSE) erhobenen Daten einen differenzierten Überblick über das soziale und politische Engagement von Menschen im höheren Erwachsenenalter. Ausgehend von der Annahme, dass ein soziales und politisches Engagement älterer Menschen nicht allein von individuellen Bedürfnissen und Kompetenzen, sondern auch durch allgemeine Sichtweisen von Alter und Altern beeinflusst ist, werden Zusammenhänge zwischen Sichtweisen des eigenen Alterns, von Altersbildern und Aspekten sozialer Teilhabe analysiert. Die Ergebnisse stützen die Hypothese, dass sich Altersbilder nicht nur über das Selbstbild, sondern auch von diesem unabhängig auf Aspekte sozialer Teilhabe auswirken.

Stichworte: Altersbilder, bürgerschaftliches Engagement, Selbstwahrnehmung eigenen Alterns, soziale Teilhabe

Abstract: Realizing potentials of social participation in middle and old age

Changing demographics implies increasing significance of social and political participation of elderly people for social cohesion and innovative ability. The third measurement point of the Interdisciplinary Long-term Study of Adulthood and Aging (ILSE) offers comprehensive data on the current social and political participation of older people in Germany. Following a differentiated overview on the respective results, relationships between self-perceptions of aging, age stereotypes and social participation are reported. Here, the contribution proceeds from the assumption that social and political engagement in the elderly is not only influenced by individual needs and competence, but also by more general attitudes toward old age and aging.

Results of the ILSE-study support the hypothesis that self-perceptions of aging can only explain some part of the relationship between age stereotypes and social participation.

Keywords: Age stereotypes, citizen's involvement, self-perceptions of aging, social participation

Einführung

> Und dieses Einst, wovon wir träumen,
> es ist noch nirgends als in unserm Geist;
> wir sind dies Einst, uns selbst vorausgereist
> im Geist, und winken uns von seinen Säumen,
> wie wer sich selber winkt.
> *(Aus: Christian Morgenstern, Stufen)*

Blicken wir auf den in unserer Gesellschaft vorherrschenden Umgang mit Fragen des Alters, so zeigt sich, dass bis heute ein überzeugender kultureller Entwurf des Alterns und Alters weitgehend fehlt. Angesichts der Tatsache, dass die Anzahl betagter und hochbetagter Frauen und Männer deutlich steigt, ergibt sich vermehrt die Notwendigkeit eines solchen Entwurfs (Rosenmayr 2007). Als eine bedeutende Kategorie dieses Entwurfs ist – neben jener Selbstständigkeit und der Selbstverantwortung – die Mitverantwortung zu werten, das heißt, die Übernahme von Verantwortung für die eigene Generation wie auch für die nachfolgenden Generationen (Kruse 2005). Mitverantwortung ist dabei aus psychologischer Perspektive eng mit dem Konzept der Generativität verwandt, wie dieses in der Theorie von Erikson (1963) entwickelt wurde – dabei hat McAdams in einer Neuformulierung dieser Theorie hervorgehoben, dass Generativität nicht als eigene psychosoziale Aufgabe interpretiert werden sollte, sondern vielmehr als eine weitere Stufe der Identitätsentwicklung (McAdams et al. 2006).

Mitverantwortung ist aus gesellschaftlicher Perspektive eng mit dem Konzept der aktiven Gestaltung des öffentlichen Raums verwandt, wie dieses vor allem in den Arbeiten von Arendt (1959) und Sennett (2002) expliziert wurde: In der Möglichkeit, den öffentlichen Raum mitzugestalten und dabei die eigene Kompetenz zur Übernahme von Verantwortung für das Gemeinwohl zu erfahren, erkennen die beiden Autoren eine bedeutende Möglichkeit zur Verwirklichung des »Politischen« im Menschen (Kruse 2007).

Doch haben sich bislang noch nicht wirklich gesellschaftliche Visionen entwickelt, in denen die Frage im Vordergrund steht, wie das Humanvermögen älterer Menschen konstruktiv genutzt werden und wie öffentliche Räume geschaffen werden können, in denen sich ältere Menschen als mitverantwortlich handelnde, kompetente Bürgerinnen und Bürger angesprochen fühlen. Die kognitiven, emotionalen und zeitlichen, vielfach auch die materiellen Ressourcen versetzen ältere Menschen potenziell in die Lage, sich für nachfolgende Generationen zu engagieren und sich in diesem Engagement als mitverantwortlich handelnde (und dies heißt auch als politisch handelnde) Wesen zu erfahren. In unserer Gesellschaft besteht noch eine relativ große Unsicherheit in Bezug auf die Deutung des Alters und auch darauf, wie ältere Menschen angesprochen werden können. Sie drückt sich vor allem in einer Polarisierung der Altersbilder aus (kompetent und weise vs. abgebaut und rigide) und ist als ein Hindernis auf dem Weg zu einer stärkeren Mitverantwortung älterer Menschen in unserer Gesellschaft zu begreifen (Kruse u. Schmitt 2006).

Aus diesem Grunde wird in einer kritischen öffentlichen Reflexion von Altern und Alter und in der Schaffung von Strukturen, die ältere Menschen zum selbstorganisierten Engagement für die eigene Generation wie auch für nachfolgende Generationen motiviert, eine bedeutende gesellschaftliche Aufgabe gesehen (Kommission 2006). Die kritische, öffentliche Reflexion trägt dazu bei, eigene Erwartungen, Hoffnungen und Befürchtungen in Bezug auf das persönliche Altern und Alter bewusstzumachen und auf diesem Wege eine differenzierte Wahrnehmung der Stärken und Schwächen dieser Lebensphase zu fördern (Radebold 2005). Die Stärkung gesellschaftlichen Engagements älterer Menschen ist in der Hinsicht bedeutsam, als dieses Engagement sichtbar machen kann, zu welchen produktiven und konstruktiven Leistungen ältere Menschen fähig sind (Baltes u. Montada 1996, Schmitt 2004).

Nachfolgend bieten wir empirische Daten zu den beiden hier angesprochenen Themen – zum einen zum Engagement älterer Menschen im öffentlichen Raum, zum anderen zu den gesellschaftlichen Bildern des Alters.

Soziales und politisches Engagement im Alter

Mit dem zunehmenden Anteil älterer Menschen an der Gesamtbevölkerung gewinnt auch deren soziales und politisches Engagement an Bedeutung für die Erhaltung von gesellschaftlicher Produktivität und Innovationsfähigkeit. Angesichts der im Vergleich zu früheren Geburtsjahrgängen besseren Ausstattung mit den Potenzialen Gesundheit, Bildung, finanzielle Ressourcen und Zeit sollten die heute älteren Menschen besser in der Lage sein, verantwortliche Aufgaben innerhalb der Gesellschaft zu übernehmen. Die mit dem demografischen Wandel verbundenen Veränderungen der Altersstruktur sollten sich deshalb weniger gravierend auf intergenerationelle Solidarität, Generationengerechtigkeit und wirtschaftliche Konkurrenzfähigkeit auswirken als vielfach befürchtet. Denn der zunehmende Anteil älterer Menschen kann durch die Entwicklung und Verwirklichung selbst- und mitverantwortlicher Potenziale einen zunehmenden Beitrag zu Wirtschaft und Gesellschaft leisten und damit die jüngere und mittlere Generation entsprechend entlasten. Ein derart optimistisches Szenario setzt allerdings voraus, dass es gelingt, ältere Menschen in angemessener Weise zur Übernahme entsprechender Aufgaben zu motivieren.

Angesichts veränderter Erwerbs- und Bildungsbiografien wird häufig davon ausgegangen, dass in Zukunft vor allem anspruchsvolle Aufgaben und Tätigkeiten nachgefragt werden, die eigenverantwortliches Handeln zulassen und gleichzeitig Möglichkeiten zum Austausch von Erfahrungen und zur gezielten Fort- und Weiterbildung eröffnen. Ältere Menschen könnten auch im sozialen und politischen Engagement zukünftig stärker Innovationen anstoßen.

Unabhängig davon, ob neue Generationen älterer Menschen eine im Vergleich zu früheren Generationen qualitativ andere Form des Engagements bevorzugen und anstreben, spiegelt sich in der individuellen Engagementbereitschaft zum einen das Selbstbild der Person wider (Inwieweit ist diese davon überzeugt, tatsächlich einen Beitrag für die Gesellschaft leisten zu können?), zum anderen aber auch das Ausmaß, in dem ältere Menschen als kompetente und mitverantwortliche Bürger angesprochen und akzeptiert werden.

Schon heute tragen ältere Menschen durch ihr soziales und politisches Engagement in erheblichem Maße zum Gelingen eines durch Generationensolidarität geprägten gesellschaftlichen Zusammenlebens bei. Es ist aus zahlreichen Untersuchungen bekannt, dass die Beziehungen zu Familienangehörigen der Kinder- und Enkelgeneration bis weit in das achte Lebensjahrzehnt durch Gegenseitigkeit, im Sinne eines Gleichgewichts zwischen den von anderen in Anspruch genommenen und den anderen gewährten emotionalen und instrumentellen Unterstützungsleistungen gekennzeichnet sind. In unserer Gesellschaft wird zudem zunehmend zur Kenntnis genommen, dass zahlreiche Vereine und Initiativen ohne das ehrenamtliche Engagement älterer Menschen in ihrem Bestand gefährdet wären und ältere Menschen in erheblichem Umfange zum Gelingen der Sozialisation nachfolgender Generationen und zum Funktionieren des sozialen Sicherungssystems der Bundesrepublik Deutschland beitragen.

Für Deutschland weisen Surveyuntersuchungen eine Zunahme des Engagements älterer Menschen aus (BMFSFJ 2006). Im Freiwilligensurvey (Brendgens u. Braun 2001, Menning 2004) ist zwischen 1999 und 2004 der Anteil der freiwillig engagierten Menschen in der Altersgruppe der 55- bis 64-Jährigen um 5 Prozentpunkte (auf 40%), in der Altersgruppe der 65- bis 74-Jährigen ebenfalls um 5 Prozentpunkte (auf 32%) und in der

Altersgruppe der 75-Jährigen und Älteren um 2 Prozentpunkte (auf 19%) angestiegen. Im Alterssurvey hat sich der Anteil der in Vereinen und Verbänden ehrenamtlich Tätigen zwischen 1996 und 2002 unter den 55- bis 69-Jährigen um 8 Prozentpunkte (auf 21%) und unter den 70- bis 85-Jährigen um 2 Prozentpunkte (auf 9%) erhöht (Künemund 2004). Folgt man den vorliegenden Surveyuntersuchungen, dann hat auch die Bereitschaft, ein freiwilliges bzw. ehrenamtliches Engagement neu aufzunehmen oder ein bereits bestehendes Engagement auszuweiten, zugenommen: Bei den 55- bis 64-Jährigen kann demnach etwa ein Drittel, bei den 65- bis 74-Jährigen etwa ein Fünftel der Bevölkerung zur Gruppe der Engagementbereiten gezählt werden.

Altersbilder und soziale Teilhabe

Altersbilder haben sowohl Auswirkungen auf das Selbstbild, die Nutzung von Potenzialen und Kompetenzen, die individuelle Lebensplanung und die Bemühungen um eine Gestaltung des eigenen Alternsprozesses als auch auf die Erlebens- und Verhaltensspielräume anderer Menschen, insbesondere auch auf deren Möglichkeiten und Gelegenheiten zur sozialen Teilhabe, Entwicklung und Nutzung von Stärken und Potenzialen (Kruse u. Schmitt 2006). Vor diesem Hintergrund erscheint eine altersfreundliche, durch Solidarität zwischen den Generationen gekennzeichnete Gesellschaft ohne differenzierte Altersbilder nicht denkbar (Kruse et al. 2004; Schmitt 2004). Mit »differenziert« sind an dieser Stelle drei Dinge gemeint: Erstens sollten Altersbilder die Unterschiedlichkeit in den körperlichen und geistigen Fähigkeiten ebenso berücksichtigen wie die Unterschiede in sozialen, gesundheitlichen und materiellen Ressourcen und die Individualität von Lebensentwürfen, Anliegen und Interessen. Zweitens sollte erkannt werden, dass die genannten Merkmale der Lebenssituation im Alter Resultat sehr unterschiedlicher Entwicklungen sein können, die sich zum Teil individueller Einflussnahme entzogen, zum Teil auch Ergebnis früherer Entscheidungen und Unterlassungen sind. Drittens sollten Altersbilder in ihrer differenziellen Bedeutung für spezifische soziale und biografische Kontexte sowie für soziale Interaktionen mit verschiedenen Personen und Gruppen erkannt werden.

Fragestellung

Vor dem skizzierten Hintergrund sollen im vorliegenden Beitrag vier Fragen beantwortet werden:

1. Wie lässt sich das bürgerschaftliche Engagement von Menschen im mittleren und höheren Erwachsenenalter charakterisieren?
2. Wie lassen sich Altersbilder und Sichtweisen eigenen Alterns von Menschen im mittleren und höheren Erwachsenenalter charakterisieren?
3. Inwieweit besteht ein Zusammenhang zwischen Altersbildern und Sichtweisen eigenen Alterns?
4. Inwieweit lassen sich Unterschiede in Aspekten sozialer Teilhabe im mittleren und höheren Erwachsenenalter durch Altersbilder erklären?

Stichprobe

Die genannten Fragen sollen auf der Grundlage der zum dritten Messzeitpunkt der Interdisziplinären Längsschnittstudie des Erwachsenenalters (ILSE) erhobenen Daten beantwortet werden. Die ILSE-Stichprobe bestand zum ersten Messzeitpunkt aus 1.390 Personen aus Ostdeutschland (Region Leipzig) und Westdeutschland (Region Heidelberg-Mannheim-Ludwigshafen), die nach den Stratifizierungsdimensionen Geschlecht und Kohortenzugehörigkeit (Jahrgänge 1930/32 und 1950/52) repräsentativ ausgewählt und von einem interdisziplinären Team von Medizinern, Psychiatern, Psychologen und Sportwissenschaftlern umfassend untersucht wurden. Der erste Untersuchungsdurchgang wurde 1993–1996, der 2. Messzeitpunkt, an dem 90% der Untersuchungsteilnehmer/innen (N = 898) in den beiden Untersuchungszentren erneut teilnahmen, wurde 1997–2000 durchgeführt. Der mittlere Beobachtungszeitraum zwischen den ersten beiden Messzeitpunkten beträgt 4,1 Jahre. Der mittlere Beobachtungszeitraum zwischen dem zweiten und dritten Messzeitpunkt beträgt ca. 8 Jahre. Insgesamt stehen nun Daten zur Entwicklung im mittleren und höheren Erwachsenenalter über einen Zeitraum von ca. 12 Jahren zur Verfügung.

Von den 223 Untersuchungsteilnehmer/innen der Kohorte 1930/32 (K30), die rund acht Jahre zuvor am 2. ILSE-Messzeitpunkt in Heidelberg teilgenommen hatten, konnten zum 3. Messzeitpunkt 150 Personen erneut untersucht werden. In Leipzig hatten zum zweiten Messzeitpunkt 226 Angehörige der Kohorte 30 teilgenommen. Zum 3. Messzeitpunkt nahmen hier 168 Personen teil. Gegenüber der Ausgangsstichprobe zum ersten Messzeitpunkt bedeutet dies eine Teilnahmequote von 63,6%. Von den insgesamt 318 Teilnehmerinnen und Teilnehmern wurde bei 12,5% die komplette Untersuchung im häuslichen Umfeld durchgeführt. Tabelle 1 gibt – differenziert nach Kohorten, Regions- und Geschlechtszugehörigkeit – einen Überblick über die wichtigsten Stichprobencharakteristika.

| | Kohorte 1930–32 | | | | Kohorte 1950–52 | | | |
| | Heidelberg | | Leipzig | | Heidelberg | | Leipzig | |
	Männer	Frauen	Männer	Frauen	Männer	Frauen	Männer	Frauen
Mittlere Anzahl der Bildungsjahre (SD)	13,5 (2,5)	11,5 (2,8)	14,3 (2,6)	13,1 (2,5)	14,5 (2,5)	14,2 (2,9)	14,6 (2,4)	14,1 (2,4)
Haushaltsnettoeinkommen in %								
< 1022 Euro	4,3	21,9	1,2	24,7	3,8	8,6	14,3	19,3
1022–2045 Euro	37,1	45,2	67,9	55,6	13,9	24,3	27,4	36,4
> 2045 Euro	58,6	32,9	30,9	19,7	82,3	67,1	58,3	44,3
Anteil Erwerbstätiger in %	2,8	5,5	1,2	0,0	86,8	73,1	79,4	69,6
davon Vollzeit in %	50,0	0,0	0,0	0,0	95,8	60,7	93,2	75,8
Familienstand in %								
verheiratet	83,3	37,0	85,7	43,2	78,5	64,3	73,9	76,4
geschieden	4,2	12,3	4,8	16,1	6,3	22,9	18,5	20,2
verwitwet	11,1	41,1	8,3	32,1	2,5	4,3	2,2	2,3
ledig	1,4	9,6	1,2	8,6	12,7	8,5	5,4	1,1
Partnerschaft in %	87,5	40,0	94,1	48,2	94,9	77,1	83,9	84,3
Anteil Alleinlebender im Haushalt in %	12,7	58,3	9,5	55,6	12,8	21,4	17,0	13,6
Mittlere Anzahl der Personen im Haushalt (SD)	1,9 (0,4)	1,5 (0,6)	1,9 (0,3)	1,4 (0,5)	2,4 (1,0)	2,0 (0,8)	2,0 (0,6)	2,0 (0,6)
Kinder in %								
Keine	14,1	16,7	9,5	14,8	18,0	22,9	6,5	9,1
1–2	49,3	54,2	65,5	63,0	64,1	64,3	79,4	83,0
> 2	36,6	29,1	25,0	22,2	17,9	12,8	14,1	7,9

Tabelle 1: Stichprobencharakteristika zum dritten Messzeitpunkt der Interdisziplinären Längsschnittstudie des Erwachsenenalters differenziert nach Kohorten-, Regions- und Geschlechtszugehörigkeit

Wie lässt sich das bürgerschaftliche Engagement von Menschen im mittleren und höheren Erwachsenenalter charakterisieren?

In der Erfassung des sozialen und politischen Engagements geht ILSE über die gegenwärtig vorliegenden Survey-Untersuchungen hinaus. Die zum dritten Messzeitpunkt erhobenen Daten geben nicht nur ein differenziertes Bild von Art und Umfang der in den beiden untersuchten Kohorten gegenwärtig ausgeübten Tätigkeiten. Sie geben weiterhin Auskunft über die Gründe, die ehrenamtlich engagierte Menschen rückblickend als für ihr Engagement ausschlaggebend betrachten, und die Erfahrungen, die im Kontext eines Engagements gewonnen wurden.

Anders als die vorliegenden Survey-Untersuchungen geht ILSE auch intensiv der Frage nach, inwieweit bislang nicht-realisierte Engagementpotenziale genutzt worden sind: Welche Bereiche erscheinen für ein zukünftiges Engagement attraktiv, was spricht aus der Sicht der gegenwärtig nicht ehrenamtlich engagierten Menschen gegen ein Engagement, welche Voraussetzungen müssten erfüllt sein, damit sich prinzipiell zu einem Engagement bereite Menschen auch tatsächlich engagieren?

Einer ehrenamtlichen Tätigkeit gingen zum dritten Messzeitpunkt 120 der 356 Untersuchungsteilnehmer der Kohorte 50 (K50) (33,7%) und 91 der 317 Untersuchungsteilnehmer der K30 (28,7%) nach. Dabei wird in der jüngeren Kohorte deutlich mehr Zeit für ehrenamtliche Aktivitäten aufgewendet. Während die in der K30 ehrenamtlich Engagierten ihren durchschnittlichen monatlichen Zeitaufwand auf 11,7 Stunden beziffern, liegt der entsprechende Wert für die K50 bei 24 Stunden. Mehr als die Hälfte der bürgerschaftlich Engagierten der K50 geht ihrer Tätigkeit mindestens einmal pro Woche nach, der entsprechende Anteil liegt in der K30 bei etwa 36%.

Für beide Kohorten fand sich ein breites Spektrum aktueller Tätigkeitsbereiche. Die in Tabelle 2 wiedergegebene Übersicht unterstreicht den auch im Altenbericht der Bundesregierung berichteten Trend, dass neben den klassischen Formen des Engagements in Kirche, Verein, Partei oder Verband andere Formen und Zusammenschlüsse an Bedeutung gewonnen haben. Diese »Pluralisierung« des Engagements ist aber ausdrücklich nicht gleichbedeutend mit der Verdrängung oder Ablösung »alter« Organisationsformen.

	K 30–32 (N=317)	K 50–52 (N=356)	Gesamt (N=673)
Öffentliche Ehrenämter	2,2%	4,9%	3,7%
Kirche	8,1%	4,3%	6,1%
Sport	5,4%	5,5%	5,5%
Kultur	7,5%	7,3%	7,4%
Politisches Engagement	7,2%	8,3%	7,7%
Schule und Jugend	1,4%	7,6%	4,7%
Umwelt	3,1%	3,4%	3,2%
Tierschutz	1,7%	1,5%	1,6%
Dritte Welt, Menschenrechte	1,4%	2,8%	2,1%
Wohnen und Wohnumfeld	14,0%	11,9%	12,9%
Freiwillige Feuerwehr, Unfall- und Rettungsdienste	2,4%	3,1%	2,8%
Soziale Unterstützung und Hilfen im Alltag	15,3%	13,5%	14,3%
Selbsthilfegruppen	3,8%	4,9%	4,4%

Tabelle 2: Aktuelle Tätigkeitsbereiche

Für die Aufnahme einer ehrenamtlichen Tätigkeit spielen neben altruistischen Motiven (man will anderen helfen, gemeinwohlbezogene Aufgaben übernehmen) auch eher ereignis-, spaß- und selbstverwirklichungsbezogene Motive eine Rolle. Aus Tabelle 3 ist Anteil der Untersuchungsteilnehmer zu entnehmen, der auf die Frage nach den spezifizierten Motiven jeweils mit »ja« geantwortet hat.

	K 30–32 (93≥N≥89)	K 50–52 (116≥N≥115)	Gesamt (210≥N≥204)
Ich habe mich für ein Engagement entschieden,			
… weil ich gehofft habe, dass mir die Tätigkeit Spaß macht.	59,6%	76,5%	69,1%
… weil andere mich darum gebeten haben	62,6%	56,0%	58,9%
… weil ich den Kontakt zu mir wichtigen Personen pflegen wollte.	44,6%	53,4%	49,5%
… weil es meiner politischen Überzeugung entsprach.	26,4%	24,3%	25,2%
… weil ich in meiner freien Zeit etwas Sinnvolles tun wollte.	74,2%	62,1%	67,5%
… weil ich viel Neues lernen wollte.	40,7%	57,8%	50,2%
… weil ich Anerkennung erhalten wollte.	6,5%	16,5%	12,1%
… weil meine Unterstützung dringend gebraucht wurde.	69,9%	74,1%	72,2%
… weil ich gehofft habe, dadurch aktiver zu werden.	31,5%	30,2%	30,7%
… weil das Sicheinsetzen für andere Bestandteil meines Glaubens ist.	40,9%	35,3%	37,8%
… weil ich meine Fähigkeiten einbringen wollte.	67,0%	77,6%	72,9%
… weil ich etwas bewegen und zum Positiven hin verändern wollte.	63,4%	75,2%	70,0%
… weil ich anderen helfen wollte.	87,1%	83,6%	85,2%

Tabelle 3: Welche Gründe waren ausschlaggebend für das Engagement?

Die Ergebnisse sprechen für die These, dass – auch bei älteren Menschen – ein Engagement häufig nur noch dann zustandekommt, wenn es zu den jeweiligen biografischen Situationen und ihren Anforderungen »passt« und wenn bestimmte biografische Aufgaben bzw. Präferenzen mit der Ausübung des Engagements zu vereinbaren sind.

Weitere Ergebnisse zeigen, dass Menschen von ihrem Engagement in vielfacher Weise profitieren. Das Gefühl, etwas Nützliches zu tun, und der Kontakt zu anderen Menschen werden in beiden Kohorten von mehr als 90 Prozent der ehrenamtlich Engagierten genannt. Die Angehörigen der K50 verweisen häufiger auf Möglichkeiten, eigene Fähigkeiten einzubringen und sich neue Fähigkeiten und neues Wissen anzueignen. Soziale Anerkennung wird in der K50 von zwei Dritteln und in der K30 von der Hälfte der ehrenamtlich Engagierten als persönlicher Nutzen genannt.

Auf die Frage nach potenziellen Tätigkeitsbereichen (Tabelle 4) stellte sich heraus, dass die bestehenden Engagementpotenziale in der K50 deutlich schlechter ausgeschöpft sind als in der K30. Lediglich für den Bereich der *Kirche* war der Anteil der an einem zukünftigen Engagement zumindest prinzipiell interessierten Menschen in der K30 größer als in der K50. Die Bereiche *Soziale Unterstützung* und *Hilfen im Alltag, Wohnen und Wohnumfeld* sowie *Umwelt* stellen für die Angehörigen beider Kohorten besonders attraktive potenzielle Engagementbereiche dar. Für mehr als 40% der K50 erscheinen noch Sport, Kultur und Tierschutz als attraktive Engagementbereiche, während für beide Kohorten Feuerwehr-, Unfall und Rettungsdienste sowie politisches Engagement vergleichsweise wenig attraktiv sind. Für die K30 ist der Bereich Sport vergleichsweise wenig attraktiv, für die K50 der Bereich Kirche.

	K 30–32 (N=317)	K 50–52 (N=356)	Gesamt (N=673)
Öffentliche Ehrenämter	8,7%	19,1%	13,8%
Kirche	17,4%	11,2%	14,5%
Sport	12,0%	43,2%	27,2%
Kultur	23,4%	41,4%	32,3%
Politisches Engagement	7,2%	20,3%	13,6%
Schule und Jugend	13,0%	34,2%	23,5%
Umwelt	24,4%	47,8%	35,8%
Tierschutz	17,8%	42,5%	30,0%
Dritte Welt, Menschenrechte	13,5%	26,7%	20,1%
Wohnen und Wohnumfeld	32,6%	44,8%	38,5%
Freiwillige Feuerwehr, Unfall- und Rettungsdienste	5,2%	11,7%	8,4%
Soziale Unterstützung und Hilfen im Alltag	28,7%	51,0%	39,9%
Selbsthilfegruppen	18,7%	36,2%	27,2%

Tabelle 4: Potenzielle Tätigkeitsbereiche

Auf die weiterführende Frage, welche Voraussetzungen erfüllt sein müssten, damit man sich ehrenamtlich engagieren würde, zeigte sich, dass insbesondere in der K50, allerdings auch von der Mehrzahl in der K30, erhebliche Anforderungen an die Neugestaltung von ehrenamtlichen Tätigkeiten gestellt werden, die deutlich darüber hinaus gehen, dass sich einige Menschen lediglich in den Dienst einer guten Sache stellen. Die Aufnahme oder Ausweitung eines ehrenamtlichen Engagements ist offenbar an anspruchsvolle Voraussetzungen geknüpft. Insofern kann auch die in der Fachöffentlichkeit häufig anzutreffende These eines neuen Selbstbewusstseins potenziell ehrenamtlich tätiger Menschen als gestützt gelten. In der K50 wäre für etwa 80% der Befragten die Aufnahme eines ehrenamtlichen Engagements daran gebunden, selbst entscheiden zu können, wer, in welcher Form und zu welchem Zeitpunkt unterstützt wird. Neben einer weitgehenden Selbstbestimmung werden vor allem eine gute Vorbereitung auf die Tätigkeit, eine kontinuierliche fachliche Begleitung, sowie Möglichkeiten, mit Gleichgesinnten Erfahrungen auszutauschen, an Weiterbildungen teilzunehmen und Verantwortung mit anderen zu teilen, genannt. Der Wunsch nach Selbstbestimmung wäre demnach im Kontext einer gleichberechtigten Zusammenarbeit zu sehen.

Des Weiteren wurden eine versicherungsrechtliche Absicherung und eine Unterstützung bei der Erreichung des Zielortes als wesentliche Voraussetzungen genannt. Die zuletzt genannte Voraussetzung interpretieren wir im Sinne der Erwartung, dass die ehrenamtliche Tätigkeit durch andere in angemessener Weise (vielleicht auch finanziell) anerkannt wird. Eine Interpretation im Sinne einer Kompensation eingeschränkter Mobilität erscheint weniger naheliegend, da diese Voraussetzung in der K30 – wie alle anderen Voraussetzungen – von einem vergleichsweise kleinen Teil genannt wird.

55% der Untersuchungsteilnehmer gaben an, kein Interesse an einem ehrenamtlichen Engagement zu haben. Der Anteil der Personen, der auf die entsprechende Frage mit »nein« antwortete, war in der K30 mit 78,5 Prozent deutlich größer als in der K50, wo ein gutes Drittel ein Interesse an bürgerschaftlichem Engagement explizit verneinte. In der K50 wird der Verzicht auf ein Engagement vor allem durch einen Mangel an Zeit, den Wunsch, keine längerfristigen Verpflichtungen einzugehen, und subjektiv unzureichende Informationen begründet. In der K30 ist der Anteil der Untersuchungsteilnehmer, der angibt, nicht genügend Zeit zu haben, deutlich geringer. Mehr als vier Fünftel gaben an, keine langfristigen Verpflichtungen eingehen zu wollen, und 60% antworteten, ihr Gesundheitszustand spreche gegen ein ehrenamtliches Engagement.

Insgesamt legen die Ergebnisse nahe, dass – eine angemessene Ansprache vorausgesetzt – deutlich mehr Menschen für ein ehrenamtliches Engagement gewonnen werden könnten. Diese Aussage wird durch die Befunde zu allgemeinen Einstellungen gegenüber einem ehrenamtlichen Engagement gestützt: In beiden Kohorten halten es deutlich über 90% der Untersuchungsteilnehmer für wichtig, dass sich Menschen für das Gemeinwohl engagieren, jeweils fast 90% sind der Auffassung, dass ein ehrenamtliches Engagement das eigene Leben bereichert. Unabhängig davon werden aber auch potenzielle Nachteile eines Engagements gesehen: Fast die Hälfte der Untersuchungsteilnehmer sieht die Gefahr, vom Staat ausgenutzt zu werden, etwa ein Drittel ist der Auffassung, ein freiwilliges Engagement könne verhindern, dass Arbeitsplätze geschaffen werden.

Wie lassen sich Altersbilder und Sichtweisen eigenen Alterns von Menschen im mittleren und höheren Erwachsenenalter charakterisieren?

ILSE orientiert sich in der Operationalisierung von Altersbildern und Sichtweisen des eigenen Alterns an der Untersuchung *Bilder des Alters und Sozialstruktur* (BIAS), einer Mitte der 90er Jahre durchgeführten Studie, deren Ergebnisse für die 45–75-jährige deutsche Bevölkerung repräsentativ sind (ausführlich Kruse u. Schmitt 2006). In Anlehnung an BIAS wurde die subjektive Bedeutung des Alters für die Gestaltung und Deutung von sozialen Interaktionen als eigenständige Dimension von kognitiven Repräsentationen des Alter(n)s mit der Skala »Zentralität des Alters in sozialen Interaktionen« gemessen. Des Weiteren wurden Skalen zur subjektiven Wahrnehmung von
1. Entwicklungsverlusten und Risiken,
2. gesellschaftlicher Abwertung älterer Menschen,
3. gesellschaftlichen Anforderungen und Belastungen und
4. Entwicklungsgewinnen und Chancen eingesetzt.

Bei der Analyse von Zusammenhängen zwischen Altersbildern und Sichtweisen eigenen Alterns wurden drei in BIAS entwickelte Skalen zur subjektiven Wahrnehmung von altersbezogenen Leistungseinbußen und subjektiv erlebten Potenzialen und Barrieren einer mitverantwortlichen Lebensführung berücksichtigt.

	K 30–32 M (SD)	K 50–52 M (SD)
Entwicklungsgewinne und Chancen*	2,90 (,53)	3,02 (,50)
Entwicklungsverluste und Risiken	2,37 (,64)	2,31 (,55)
Gesellschaftliche Anforderungen und Belastungen*	2,15 (,58)	1,98 (,61)
Gesellschaftliche Abwertung älterer Menschen*	2,62 (,60)	2,20 (,54)
Zentralität des Alters in sozialen Interaktionen*	2,11 (,67)	1,77 (,54)

*p(Diff. K30-K50) < .05

Tabelle 5: Durchschnittliche Ausprägung der Altersbilddimensionen in den beiden Kohorten (Skalenbereich zwischen 1 und 4: 1 bedeutet »trifft nicht zu«, 2 »trifft eher nicht zu«, 3 »trifft eher zu«, 4 »trifft zu«)

Hinsichtlich der Wahrnehmung von Entwicklungsverlusten und Risiken finden sich keine, hinsichtlich der Wahrnehmung von Entwicklungsgewinnen und Chancen sowie gesellschaftlichen Anforderungen und Belastungen nur sehr geringe – gleichwohl statistisch signifikante – Unterschiede. Die Unterschiede für die Skalen »Gesellschaftliche Abwertung älterer Menschen« und »Zentralität des Alters in sozialen Interaktionen« fallen etwas deutlicher aus, sind aber unseres Erachtens dennoch eher im Sinne eines altersgruppenübergreifenden Konsensus denn im Sinne grundverschiedener Wahrnehmungen und Urteile zu interpretieren. Der Befund, dass Alter und Altern von Menschen im achten Lebensjahrzehnt eher pessimistischer gesehen werden als von Menschen im sechsten Lebensjahrzehnt, entspricht dem in BIAS ermittelten Befund, dass die Gruppe der 58–64-Jährigen eher positiver urteilt als die Gruppe der 65–75-Jährigen. Es sind also insbesondere die Menschen im höheren und hohen Alter, die Altern stärker mit zunehmenden Verlusten und gesellschaftlichen Belastungen assoziieren.

Tabelle 6 zeigt die durchschnittlichen Ausprägungen von Sichtweisen eigenen Alterns in den beiden Kohorten. Die Untersuchungsteilnehmer der K30 nehmen im Vergleich zu Untersuchungsteilnehmern der K50 bei sich selbst mehr subjektive Leistungseinbußen, weniger Potenziale und mehr Barrieren einer mitverantwortlichen Lebensführung wahr.

	K 30–32 M (SD)	K 50–52 M (SD)
Subjektive Leistungseinbußen*	2,54 (,57)	2,03 (,57)
Subjektiv erlebte Potenziale*	2,79 (,57)	3,10 (,54)
Subjektiv erlebte Barrieren*	2,36 (,70)	1,74 (,57)

*p(Diff. K30-K50) < .05

Tabelle 6: Durchschnittliche Ausprägung von Sichtweisen eigenen Alterns in den beiden Kohorten

Inwieweit besteht ein Zusammenhang zwischen Altersbildern und Sichtweisen eigenen Alterns?

Wir gingen davon aus, dass die im Alternsprozess auftretenden Leistungseinbußen sowohl Auswirkungen auf die Wahrnehmung von Potenzialen und Barrieren als auch auf Altersbilder haben können. Aus diesem Grunde wurde das Ausmaß an subjektiven Leistungseinbußen statistisch kontrolliert und der Zusammenhang zwischen subjektiv erlebten Potenzialen, Barrieren und Altersbildern als Partialkorrelation berechnet. Für das Erleben von Potenzialen eines mitverantwortlichen Lebens erweist sich nach Kontrolle von subjektiven Leistungseinbußen lediglich die Wahrnehmung von Entwicklungsgewinnen und Chancen als bedeutsam (r= .234). Für das Erleben von Barrieren eines mitverantwortlichen Lebens findet sich ein signifikanter Zusammenhang mit den Skalen »Gesellschaftliche Anforderungen und Belastungen« (r= .220),

»Gesellschaftliche Abwertung« (r= .220) und »Zentralität« (r= .117). Die Wahrnehmung von Verlusten und Risiken erwies sich nach Kontrolle subjektiver Leistungseinbußen sowohl für das Erleben von Barrieren als auch für das Erleben von Potenzialen als unbedeutend.

Inwieweit lassen sich Unterschiede in Aspekten sozialer Teilhabe im mittleren und höheren Erwachsenenalter durch Altersbilder erklären?

Bei der Berechnung von Zusammenhängen zwischen Altersbildern und sozialer Teilhabe wurde die soziale Teilhabe über drei Merkmale operationalisiert: politisches Interesse, Politikverdrossenheit und Vorbehalte gegen Engagement. Die ersten beiden Merkmale wurden über Skalen operationalisiert, die in BIAS entwickelt wurden, Vorbehalte gegen Engagement wurden mit einer eigens entwickelten Skala erfasst (vgl. Tabelle 7).

Politisches Interesse
Politik interessiert mich nicht besonders. (umgepolt)
In den letzten Jahren hat mein politisches Interesse nachgelassen. (umgepolt)
Ich bin zu wenig über das aktuelle Zeitgeschehen informiert. (umgepolt)
Es ist mir wichtig, über das politische Geschehen informiert zu sein
Cronbachs alpha = .716

Politikverdrossenheit
Ich vertraue unseren Politikern und Politikerinnen. (umgepolt)
Politiker reden viel, für die Menschen tun sie aber nichts.
Ich bin mit den heutigen politischen Verhältnissen zufrieden. (umgepolt)
Ich fühle mich von dieser Regierung betrogen.
Von der Wiedervereinigung haben die falschen Leute profitiert.
Cronbachs alpha = .810

Vorbehalte gegen Engagement
Es ist Aufgabe der Politik u. nicht die von ehrenamtlichen Helfern, sich um sozial Schwächere zu kümmern.
Es ist wichtig, dass sich Menschen für and. Personen bzw. das Gemeinwohl einsetzen.
Menschen, die freiwillig unbezahlte Arbeit leisten, werden vom Staat nur ausgenutzt.
Freiwilliges, unbezahltes Engagement der Bürger verhindert die Schaffung von Arbeitsplätzen.
Cronbachs alpha = .713

Tabelle 7: Operationalisierung sozialer Teilhabe

Auch hier wurden individuelle Skalenwerte durch ein Aufsummieren der einzelnen Items und anschließende Division durch die Anzahl der Items berechnet. Ein Vergleich der durchschnittlichen Ausprägung in den beiden

Kohorten ergab keine bedeutsamen Unterschiede für die als Indikatoren sozialer Teilhabe gewählten Skalen (Tabelle 8).

	K 30–32 M (SD)	K 50–52 M (SD)
Politisches Interesse	3,29 (,67)	3,13 (,73)
Politikverdrossenheit	3,04 (,63)	3,11 (,61)
Einstellung zum Ehrenamt	2,63 (,68)	2,68 (,68)

Tabelle 8: Durchschnittliche Ausprägung von sozialer Teilhabe in den beiden Kohorten

Auch für die Skalen zur Operationalisierung sozialer Teilhabe wurden Zusammenhänge mit den fünf Altersbilddimensionen berechnet. In Tabelle 9 sind die Partialkorrelationen nach Kontrolle subjektiver Leistungseinbußen wiedergegeben. Für das politische Interesse zeigt sich ein statistisch bedeutsamer Zusammenhang zu den Skalen »Gesellschaftliche Anforderungen und Belastungen« und »Zentralität«, für die Politikverdrossenheit ein signifikanter Zusammenhang zur Skala »Gesellschaftliche Abwertung älterer Menschen«, für Vorbehalte gegen Engagement ein signifikanter Zusammenhang zu allen Altersbildskalen mit Ausnahme der Wahrnehmung von Entwicklungsverlusten und Risiken. Die Wahrnehmung von Verlusten und Defiziten war für die betrachteten Indikatoren sozialer Teilhabe unbedeutend.

	2	3	4	5	6	7	8
Politisches Interesse	-.201*	.130*	-.046	.045	-.147*	.018	.047
Politikverdrossenheit		-.290*	.086	-.024	.009	.228*	-.020
Vorbehalte gegen Engagement			-.096	.076	-.158*	-.104*	-.178*
Entwicklungsgewinne und Chancen				-,197*	-,135*	-,084*	-,062
Entwicklungsverluste und Risiken					,238*	,147*	,197*
Gesellschaftliche Anforderungen und Belastungen						,195*	,301*
Gesellschaftliche Abwertung							,215*
Zentralität							

Tabelle 9: Zusammenhang zwischen Indikatoren sozialer Teilhabe und Altersbildern nach Kontrolle subjektiver Leistungseinbußen

Diskussion

Folgen wir den Ergebnissen zum sozialen und politischen Engagement, so lässt sich zunächst die Feststellung treffen, dass im mittleren wie hohen Erwachsenenalter die Notwendigkeit des Engagements für andere Menschen sowie für die Gesellschaft erkannt und in vielen Fällen als sinnstiftend gesehen wird. Darin zeigt sich die Bedeutung des mitverantwortlichen Lebens für ein persönlich zufriedenstellendes Alter. Zugleich machen die Ergebnisse sichtbar, dass die heute im mittleren und hohen Erwachsenenalter stehenden Menschen in einer neuen Art und Weise für das ehrenamtliche Engagement motiviert und als ehrenamtlich Tätige angesprochen werden wollen. Ein zentrales Merkmal dieser Ansprache bildet die Akzentuierung der Fähigkeiten und Fertigkeiten, der Erfahrungen und des Wissens eines Individuums, verbunden mit der Botschaft, dass unsere Gesellschaft auf diese Ressourcen nicht verzichten kann und will. Diese Form der Ansprache wird dazu beigetragen, dass sich Menschen vermehrt als Teil des »öffentlichen Raums« wahrnehmen, den sie aktiv gestalten können (Kruse 2007). Zudem verwirklicht sich in dieser Form der Ansprache ein sehr bedeutsames Moment des Subsidiaritätsgedankens, und zwar in der Hinsicht, dass die natürlich gewachsenen Netzwerke in vielen Bereichen des öffentlichen – vor allem des gemeinschaftlichen – Lebens ein höheres Maß an Produktivität und Kreativität entfalten können als Kommune und Staat.

Die Ergebnisse zum sozialen und politischen Engagement weisen auch darauf hin, dass die Bereitschaft zum bürgerschaftlichen Engagement in hohem Maße mit dem Bedürfnis nach selbstverantwortlicher Lebensgestaltung verbunden ist. Selbstverantwortliche Lebensgestaltung heißt hier, den Alltag nach eigenen Bedürfnissen, Interessen und Werten gestalten. Entscheidend für die Bereitschaft, sich für andere Menschen und für die Gesellschaft zu engagieren ist die Erfahrung, dass sich in diesem Engagement Möglichkeiten selbstverantwortlicher Lebensgestaltung verwirklichen lassen. Vor diesem Hintergrund sind zwei von den Untersuchungsteilnehmerinnen und -teilnehmern genannte Motive zu interpretieren: Zum einen soll das Engagement herausfordern und Gewinne für die weitere psychische Entwicklung bieten, zum anderen soll es in keiner Weise als »Zwang« und »moralische Verpflichtung« erscheinen, sondern als Ausdruck einer selbst getroffenen Entscheidung.

Die Analyse der Altersbilder dient vor allem der Beantwortung der Frage, inwieweit die Motivation zu einem mitverantwortlichen Leben im mittleren und hohen Erwachsenenalter beeinflusst wird von den sozialen Repräsentationen des Alterns und Alters in unserer Gesellschaft. Dabei ist zu berücksichtigen, dass sich in den subjektiven Altersbildern auch kulturelle Deutungen des Alterns und Alters widerspiegeln: Das Individuelle ist immer auch Ausdruck des Kulturellen. Ein erstes wichtiges Ergebnis weist auf den engen Zusammenhang zwischen der

Bereitschaft zum mitverantwortlichen Leben und der Interpretation des eigenen Alterns im Sinne von Entwicklungspotenzialen hin: In dem Maße, in dem Menschen mit dem eigenen Alternsprozess potenzielle Gewinne verbinden, nimmt auch die Bereitschaft zu, sich im »öffentlichen Raum« zu engagieren und diesen aktiv zu gestalten. Ein zweites wichtiges Ergebnis illustriert den engen Zusammenhang zwischen der subjektiv wahrgenommenen Stellung älterer Menschen einerseits und der sozialen Teilhabe andererseits. Dabei ist die soziale Teilhabe im Sinne der aktiven Gestaltung des »öffentlichen Raumes« zu interpretieren.

Aus diesen beiden Ergebnissen lässt sich für die Frage, was unter einer »altersfreundlichen Kultur« zu verstehen ist, folgender Schluss ziehen: Eine altersfreundliche Kultur verwirklicht sich in dem Maße, in dem im öffentlichen Raum ein differenziertes Verständnis von Altern und Alter kommuniziert wird, und zwar in der Weise, dass sowohl die Stärken als auch die Schwächen des Alters berücksichtigt werden und gleichzeitig die Bedeutung, die die Stärken des Alters für das Gelingen des gesellschaftlichen Lebens besitzen, betont wird.

Unsere Ergebnisse offenbaren, dass Menschen im mittleren und hohen Erwachsenenalter eine differenzierte Einschätzung ihrer Kompetenz zeigen. Erst wenn diese differenzierte individuelle Einschätzung ihre Entsprechung in einer differenzierten öffentlichen (gesellschaftlichen) Wahrnehmung findet, werden sich ältere Menschen motiviert sehen, vermehrt Verantwortung für die Gesellschaft zu übernehmen. Die polarisierte Wahrnehmung und Darstellung von Alter – lediglich im Sinne von »hoher Kompetenz« oder »fehlender Kompetenz« – scheint hingegen der Motivation zum mitverantwortlichen Leben eher abträglich zu sein. Aus diesen Ergebnissen lässt sich folgern, wie wichtig die öffentliche Kommunikation des Alters als potenzielle gesellschaftliche Ressource für die Mitgestaltung des öffentlichen Raums durch das Individuum selbst ist: Ob Menschen diesen öffentlichen Raum aktiv gestalten oder nicht, hängt unseren Ergebnissen zufolge auch damit zusammen, wie Alter in der Gesellschaft wahrgenommen und gedeutet wird – primär als Belastung – oder aber auch als Chance.

Literatur

Arendt H (1959) Vita activa oder vom tätigen Leben. Stuttgart (Kohlhammer).
Baltes MM, Montada L (1996) Produktives Leben im Alter. Frankfurt/M. (Campus).
Bertelsmann Stiftung (Hg) (2007) Alter neu denken. Gesellschaftliches Altern als Chance begreifen. Gütersloh (Verlag Bertelsmann Stiftung).
Brendgens U, Braun J (2001) Freiwilliges Engagement der Seniorinnen und Senioren. In Picot S (Hg) (2001) Freiwilliges Engagement in Deutschland – Freiwilligensurvey 1999. Stuttgart (Kohlhammer) 209–301.

Bundesministerium für Familie, Senioren, Frauen und Jugend (2006) Fünfter Bericht zur Lage der älteren Generation in Deutschland. Potenziale des Alters in Wirtschaft und Gesellschaft – Der Beitrag älterer Menschen zum Zusammenhalt der Generationen. Berlin (Bundesministerium für Familie, Senioren, Frauen und Jugend).

Erikson E H (1963) Childhood and society. New York (Norton).

Kommission (2006) Die Potenziale des Alters in Wirtschaft und Gesellschaft. Bericht der Sachverständigenkommission. Berlin (Deutscher Bundestag).

Kruse A (2005) Selbstständigkeit, bewusst angenommene Abhängigkeit, Selbstverantwortung und Mitverantwortung als zentrale Kategorien einer ethischen Betrachtung des Alters. Zeitschrift für Gerontologie & Geriatrie, 38: 273–287.

Kruse, A (2007) Ältere Menschen im »öffentlichen« Raum: Perspektiven altersfreundlicher Kultur. In Wahl HW, Mollenkopf H (Hg), Alternsforschung am Beginn des 21. Jahrhunderts. Wiesbaden (Akademische Verlagsgesellschaft) 320–339.

Kruse A, Lehr U, Schmitt E (2004) Ressourcen des Alters erkennen und nutzen – Zur Produktivität älterer Menschen. In Jüttemann G (Hg) (2004) Psychologie als Humanwissenschaft. Göttingen (Vandenhoeck & Ruprecht) 345–360.

Kruse A, Schmitt E (2006) A multidimensional scale for the measurement of agreement with age stereotypes and the salience of age in social interaction. Ageing & Society 26: 393–411.

Künemund H (2004) Partizipation und Engagement älterer Menschen. Expertise im Auftrag der Sachverständigenkommission »5. Altenbericht der Bundesregierung«. Berlin (DZA).

McAdams, D. P., Josselson, R., & Lieblich, A. (2006). Identity and story: Creating self in narrative. Washington (APA Books).

Menning S (2004) Die Zeitverwendung älterer Menschen und die Nutzung von Zeitpotenzialen für informelle Hilfeleistungen und bürgerschaftliches Engagement. Expertise im Auftrag der Sachverständigenkommission »5. Altenbericht der Bundesregierung«. Berlin (DZA).

Morgenstern Ch (1986) Stufen (Werke in vier Bänden, 3. Auflage). München (Piper).

Radebold H (2005) Die dunklen Schatten unserer Vergangenheit. Ältere Menschen in Beratung, Psychotherapie, Seelsorge und Pflege. Stuttgart (Klett-Cotta).

Rosenmayr L (2007) Schöpferisch altern. Eine Philosophie des Lebens. Münster (LIT-Verlag).

Sachweh S, Hummert ML (2005) Sprache und Kommunikation. In Filipp S-H, Staudinger U (Hg), Entwicklungspsychologie des mittleren und höheren Erwachsenenalters. Göttingen (Hogrefe) 418–455.

Schmitt E (2004) Altersbild – Begriff, Befunde und politische Implikationen. In Kruse A, Martin M (Hg) (2004) Enzyklopädie der Gerontologie. Bern (Huber) 135–148.

Sennett R (2002) Respekt im Zeitalter der Ungleichheit. Berlin (Berlin Verlag).

Korrespondenzadresse:
o. Prof. Dr. Andreas Kruse und Prof. Dr. Eric Schmitt
Institut für Gerontologie der Universität Heidelberg
Bergheimer Straße 20
69115 Heidelberg
E-Mail: *andreas.kruse@urz.uni-heidelberg.de*

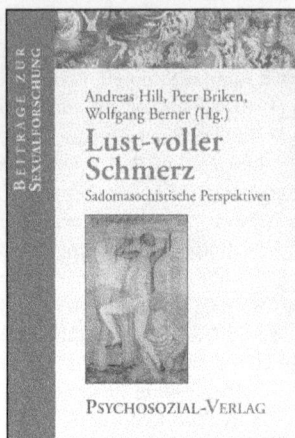

Erfahrungsbericht über die psychotherapeutische Behandlung einer 61-jährigen Frau

Douglas Puccini (Wil)

Zusammenfassung

Die psychotherapeutische Behandlung von Menschen in der sechsten Lebensdekade erfordert methodische Flexibilität. Spezifische Probleme dieser Altersgruppe wie abnehmende Leistungsfähigkeit, körperliche Krankheit, Trennung und Tod können dazu führen, dass therapeutisch Tätige im Laufe einer Behandlung ihr psychotherapeutisches Vorgehen im engeren Sinn durch psychotherapeutische Begleitung und direktive Beratung ergänzen müssen. In einer solchen Behandlung geht es nicht nur um das Verstehen von Sinn und Bedeutung psychischer und somatischer Störungen, sondern auch um praktische Lebenshilfen und Anleitung. Anhand einer Falldarstellung wird versucht, die positive Auswirkung eines flexiblen Vorgehens auf den Heilungsprozess aufzuzeigen, in welchem eine stabile therapeutische Beziehung das tragende Element bedeutet.

Stichworte: 6. Dekade, Psychotherapie, Sucht, Altersbeschwerden

Abstract: A report about the psychotherapeutic treatment of a 61 year old woman

Psychotherapeutic treatment of people in their sixth decade of life requires methodical flexibility. Specific problems of this age group such as decreasing capability, physical disease, separation and death can influence therapists to complement their psychotherapeutic approach in a narrower sense with psychotherapeutic accompanying measures and directive advice during the course of the treatment. Such a treatment is not only about understanding the sense and meaning of psychic and somatic dysfunctions, but also about practical guidance and direction. A case study in which a stable therapeutic relation is the primary element will demonstrate the positive effects a flexible approach can have on the healing process.

Key words: sixth decade, psychotherapy, addiction, afflictions of old age

Einführung

Die Psychotherapie von Patienten der Altersgruppe der 55–65-Jährigen unterscheidet sich in der Regel nicht von derjenigen jüngerer Erwachsener. Eine tiefenpsychologisch orientierte Psychotherapie, wie ich sie praktiziere, setzt seitens der Patienten die Fähigkeit zur Introspektion, ein Problembewusstsein, einen Leidensdruck und vor allem den Wunsch nach Veränderung voraus, sollte eine solche Behandlung eine Erfolgschance haben. Was das psychische Leiden angeht, spielt das Alter der Patienten eine wichtige Rolle. Natürlich wird ein 25-Jähriger, der am Anfang einer Berufskarriere steht, andere Erwartungen und Hoffnungen in eine Behandlung setzen und sich z. B. von einer Sozialphobie anders eingeschränkt fühlen als ein 65-jähriger Pensionierter, auch wenn die Angst für beide vergleichbar unerträglich sein kann, da die Konsequenzen der Störung im jungen Erwachsenenalter größer sind. Die Methode und die therapeutischen Werkzeuge zur Behandlung der jeweiligen Störungen bleiben die gleichen. Schwerpunkte der Thematik variieren logischerweise vor dem Hintergrund des Lebenslaufes.

Ältere Menschen, die jahrelang unter ihren psychischen Problemen gelitten haben, können es ungleich schwerer und/oder einfacher auf Grund von Lebenserfahrung und -ressourcen haben, notwendige Umstellungen in ihren krankheitsstützenden Lebensgewohnheiten vorzunehmen, als Menschen, die sich nach einer erstmaligen akuten Krise einer Psychotherapie unterziehen.

Es gibt aber andere Faktoren, die einen/er Therapeuten/in zu Korrekturen im Behandlungsplan zwingen können und ein großes Maß an Flexibilität und Pragmatismus weitgehend frei von ideologischen Fesseln verlangen: Alters- oder krankheitsbedingte Verminderung der körperlichen und geistigen Fähigkeiten, Störung des Sexualtriebes, schweres körperliches Leiden, plötzliche Arbeitslosigkeit ohne Aussicht auf einen beruflichen Wiedereinstieg, jahrelang schlummernde oder ausbrechende Partner- und Familienkonflikte, Trennung und Verlust von geliebten Personen. Auch wenn diese Themen eine therapeutische Aufarbeitung der persönlichen Geschichte und den therapeutischen Prozess sowohl behindern als auch fördern können, können sie den Blick für den grundsätzlichen Fokus stören und die Aufmerksamkeit von PatientInnen und TherapeutInnen zwangsläufig hauptsächlich auf Copingstrategien lenken, die sich vom einfachen »Loslassen und -lösen« hin zum Besprechen und Anleiten von konkreten Schritten erstrecken. Es kann sogar vorkommen, dass man von einer psychotherapeutischen Behandlung gänzlich absieht und sich nur auf die Lösung von Alltagsproblemen konzentriert, beziehungsweise Patienten an geeignete Beratungsstellen weiterverweist.

Spezielle Aufmerksamkeit erfordern häufig körperliche Krankheiten, gleicherweise, ob es sich um altersbedingte Abnützungserscheinungen, anhaltende schmerzhafte Beschwerden oder um schwere Krankheiten handelt. Es ist allgemein schwierig, psychische Anteile einer Erkrankung von körperlichen zu trennen und schon gar diese gesondert zu behandeln. Beispielhaft dafür ist die trauerbedingte Schmerzempfindlichkeit, wenn zwar eine somatische Ursache der Schmerzen vorliegt, aber anhaltende Klagen, häufige Arztbesuche ohne eindeutige Besserung des Zustandes und daraus resultierende fruchtlose schmerzlindernde Behandlungen dazu verleiten, von einer psychosomatischen Störung auszugehen. Auch wenn man vom Grundsatz ausgeht, dass es nicht um Krankheiten geht, sondern um kranke Menschen, und dass Körperliches und Seelische stets miteinander auftreten, muss man mit negativen Folge rechnen, wenn psychotherapeutisch Tätige das Maß an echten körperlichen Leiden unterschätzen oder sogar übersehen, weil sie die Deutung und Verarbeitung der mit dem körperlichen Leiden einhergehenden psychischen Begleiterscheinungen in den Mittelpunkt rücken, die als ursächlich gewertet werden und im Gesamtbild zuviel an Bedeutung gewinnen.

Falldarstellung

Um diese Vorgänge bildhaft zu machen, eignet sich die folgende Falldarstellung:

Es handelt sich um eine etwa 60 Jahre alte Patientin, hier Frau B. genannt, die sich seit ca. 8 Jahren bei mir in Behandlung befindet. In der Einleitung wies ich auf die Notwendigkeit von Flexibilität im therapeutischen Vorgehen hin. In den ersten Jahren der Behandlung konnte man von einer Psychotherapie im klassischen Sinn reden. Danach fanden die Termine nicht mehr regelmäßig statt, sodass man nicht mehr von einer psychotherapeutischen Behandlung im üblichen Sinn sprechen kann, eher von einer psychotherapeutischen oder sozialpsychiatrischen Begleitung.

Frau B. ist mir nach einem Aufenthalt auf der Psychotherapiestation einer psychiatrischen Klinik zur Fortsetzung ihrer dort begonnenen Einzelpsychotherapie zugewiesen worden. Es war ihre dritte Hospitalisation in der gleichen Klinik; die früheren Behandlungen lagen 15 Jahren zurück und standen im Zusammenhang mit dem Tod ihrer schwerstbehinderten vorpubertären Tochter, die an den Folgen einer vom Spital eingestandenen Fehlmedikation gestorben war.

Sie litt zudem unter chronischen Kopfschmerzen und Migräne. Sie gab an, dass die Überbelastungssituation mit ihrer Tochter Auslöser war für die rezidivierenden Migräneattacken. Ende der 70er Jahre sei es bei ihr auf Grund dieser Situation zu einer Tablettenintoxikation in suizidaler Absicht gekom-

men. Vorgesehen war ein dreimonatiger stationärer psychotherapeutischer Aufenthalt nach einer initialen Entzugsbehandlung.

Der Eintrittsgrund für die gerade beendete stationäre Behandlung war ihre Medikamentenabhängigkeit mit regredierendem depressivem Verhalten. Es bestand seit 25 Jahren ein chronischer Schmerzmittel-, Neuroleptika- und Benzodiazepinabusus. Ein Alkoholmissbrauch bestand nicht.

Den Klinikaufenthalt beendete Frau B. nach 10 Tagen mit der Absicht, die Behandlung ambulant fortzusetzen. Die großgewachsene, leicht übergewichtige, elegant-gepflegte und humorvolle Patientin erschien pünktlich zur ersten Sitzung, sie war konzentriert, allseits orientiert, stets lebendig im Dialog, bereitwillig Auskunft gebend. Auf den ersten Blick würde man das Ausmass ihres Leidens nicht vermuten, sie wirkte auf der kognitiven Ebene gesund. Affektiv imponierte sie aber müde und resigniert, wenn sie über verschiedene Versuche berichtete, ihre Probleme in den Griff zu bekommen. Doch zeigte sie sich hoffnungsvoll für eine neue Zusammenarbeit. Suizidgedanken hatte sie verneint, aber eingestanden, dass sie sich seit Jahren in Gedanken immer wieder kalt berechnend ihre Selbsttötung ausmalte.

Frau B. ist in einfachen Verhältnissen aufgewachsen. Der Vater war gelernter Handwerker, die Mutter ehemals in gehobener kaufmännischer Stellung tätig. Materiell war sie gut versorgt. Ein Bruder der Patientin verunglückte tödlich 20-jährig bei einem Bergunfall. Frau B. selbst ist gelernte Sekretärin und hatte bis kurz vor dem letzten Klinikaufenthalt gearbeitet, bis ihre Medikamentenabhängigkeit zu häufigen Fehlzeiten führte, die die Kündigung zur Folge hatten.

Sie lebt in zweiter Ehe mit einem in der Industrie tätigen Akademiker in wohlhabenden Verhältnissen. In der ersten Ehe wurden 2 Kinder geboren, die zweite Ehe blieb kinderlos.

Frau B. beschrieb ihre Kindheit zwar nicht als lieblos, aber ihr fehlte Anerkennung und Unterstützung seitens der Eltern, die diese – so ihr Erleben – ausschliesslich ihrem Bruder gewidmet hatten. Ihre Eltern hatte sie vorwiegend als unterdrückend und entwertend erfahren. Sie litt zeitlebens an Minderwertigkeits- und Insuffizienzgefühlen, die ihren sozialen Ängsten zugrunde lagen und die sie über Jahre hinweg daran hinderten, sich außerhalb von zuhause spannungs- und angstfrei zu bewegen. Trotzdem konnte sie sich schulisch gut entwickeln und machte dann die Ausbildung zur Sekretärin als logischen Weg einer »mädchenfeindlichen Erziehung«.

Die Patientin arbeitete ununterbrochen viele Jahre erfolgreich in ihrem Beruf. Eine erste, mit ca. 20 Jahren geschlossene Ehe verlief weitgehend unglücklich. Aus dieser Ehe stammt die heute 40-jährige Tochter, die in einem Gesundheitsberuf arbeitet, verheiratet ist und zwei Kinder hat. Die Beziehung zu ihr beschrieb sie als sehr gespannt. Drei Jahre später folgte die zweite Tochter, die mental retardiert war als Folge einer cerebralen Schädigung während der Geburt. Die Schuld- und Schamgefühle in Zusammenhang mit der Geburt, die Frau B. über Jahre hinweg unterdrückte, führten dann zur späteren Krise und hintergründig zum ersten Klinikaufenthalt. Die erste Ehe scheiterte und wurde geschieden. Einige Jahre bevor sie ihren zweiten Mann kennenlernte, wurde sie durch einen Arbeitskollegen vergewaltigt. Sie verleugnete ihre Wut im Sinne einer Selbstverleugnung. Auch hier herrschen Schuld und Scham vor.

Die zweite, 1989 geschlossene Ehe – für den Ehemann war es ebenfalls die zweite Ehe, aus seiner ersten stammen zwei Kinder – führte zu einer vorübergehenden Entlastung und zu einem bedeutsamen Gewinn an Selbstaufwertung. Die Besserung hielt jedoch nicht an und ihr Rückzugsverhalten verursachte zunehmend Konflikte mit ihrem neuen Partner. Die unterdrückten Schuld- und Schamgefühle wurden in diesen Konflikten nun gegenüber dem Ehemann aktualisiert und manifestierten sich in den folgenden Jahren in den chronischen Kopfschmerzen und Schlafstörungen. In gleicher Zeit wurde Frau B. hausärztlich symptomatisch behandelt. Der primäre Gewinn war die vorübergehende Erleichterung ihrer Beschwerden. Der sekundäre Krankheitsgewinn bestand in der intensiven Betreuung und Fürsorge ihres Mannes und ihres Hausarztes. Sie steigerte in der Folge zunehmend den Konsum von Schmerz- und Beruhigungsmitteln. Auf die Dauer beklagte sich der Ehemann über die Medikamenteneinnahme, er übte mehr Kontrolle auf sie aus, worauf sie mit einem Katz- und Mausspiel reagierte, was wiederum Schuld und Scham verstärkte, aus denen dann eine weitere Steigerung des suchtmässigen Konsums resultierte. Es war dann nicht mehr möglich, die somatischen Beschwerden von denjenigen mit psychischem Hintergrund zu unterscheiden. Zunehmende Gewichtsprobleme gingen mit einer schmerzhaften Belastung der Gelenke einher. Der Verdacht einer rheumatischen Erkrankung oder einer Fibromyalgie kam auf. Suizidgedanken begleiteten sie durchs Leben, und obwohl sie einige Male grössere Mengen ihrer Medikamente auf einmal eingenommen hatte, war nie ein ernsthafter Suizidversuch erfolgt.

Als Frau B. ihre psychotherapeutische Behandlung bei mir begann, setzte sie sich als Hauptziel ihrer Behandlung, die Medikamentenabhängigkeit zu überwinden. Die zentrale Frage war nicht allein, was sie machen müsse, um sich davon abzuhalten, sich mit Medikamenten zu betäuben. Genauso wichtig war für sie, den Sinn ihrer Sucht zu verstehen, in der Hoffnung, einen anderen Lebenssinn zu entdecken. Die Scham- und Schuldgefühle, die sie zur Aufnahme der Behandlung motivierten, waren die gleichen, die auch den Widerstand gegen die zu erwartende schmerzhafte Aufarbeitung ihrer traumatischen Erlebnisse in Gang setzten.

In den ersten Monaten der Therapie kamen frühere Behandlungserfah-

rungen zur Sprache, was den Eindruck erweckte, sie würde damit sowohl ihre Resignation als auch eine Warnung mitteilen, wie schwierig sie sei, in der Hoffnung, dass der Therapeut sie und ihr Schicksal wohlwollend betrachte und sie als Menschen trotzdem annähme. In einer ersten Phase berichtete sie wiederholt von ihren Schwierigkeiten, ihren Konsum von Medikamenten zu beschränken, und von ihrer leidensbedingten Berechtigung, den Konsum nicht zu drosseln. Affektiv war sie am besten zu spüren, wenn es um die großen Einschränkungen in ihrem Alltag ging, die ihr ständig Angst verursachten. Sie ging nur kurz einkaufen, und dann nur, wenn sie genau wusste, was sie brauchte und wenn sie damit rechnen konnte, dass das Geschäft möglichst menschenleer war. In einem Café zu sitzen und sich auszuruhen oder zu lesen war für Frau B. unvorstellbar oder nur unter größter Spannung möglich. Ihre Haushaltarbeiten litten unter ihrer Antriebslosigkeit, und ihr Mann musste viele Tätigkeiten für sie ausführen, was zu weiteren Schuldgefühlen führte. Eine zentrale methodische Fragestellung in der Psychotherapie, die für die Haltung in anderen Bereichen beispielhaft war, war ihr fast verschwörerisches Erzählen über ihr Versteck von Medikamenten, was ihr ermöglichte, zusätzlich Medikamente einzunehmen oder im schlimmsten Fall sich zu suizidieren.

Vorderhand bestand die Aufgabe des Therapeuten in der Überprüfung der realen Suizidgefahr. Es wäre meines Erachtens kontraproduktiv gewesen, inhaltlich auf die Gefährdung durch den Medikamentenkonsum einzugehen, um nicht in eine ähnliche Rolle zu geraten, die Ehemann und Hausarzt einnahmen. Es handelte sich um einen Übertragungsversuch, der in der Gegenübertragung dazu führen sollte, sie zu kontrollieren und sie in ihrer »Unfähigkeit« bloßzustellen und sie dadurch zu entwerten.

An anderer Stelle habe ich schon auf die Rolle des Überichs bei der Entstehung und Aufrechterhaltung einer Suchtmittelabhängigkeit hingewiesen (Puccini 1996). Andere Autoren haben ebenfalls diese These vertreten (Rost 1986, Wurmser 1987). Es hat sich gezeigt, dass sich Menschen mit einer Suchtmittelabhängigkeit im Laufe der Zeit aus zwischenmenschlichen Beziehungen weitgehend zurückziehen oder sich dieser im Sinne von narzisstischen Selbstobjekten bedienen. Dabei nimmt die »Beziehung« zu den Suchtmitteln an Wichtigkeit zu. Es kann so weit gehen, dass die Betroffenen so über ihren Konsum berichten, als ob sie über eine geliebte Person sprechen würden. Durch eine wohlwollende Haltung in einer weitgehend neutralen Position ist es möglich, das bösartig verinnerlichte Gewissen langsam in ein weniger strenges und bestrafendes zu verwandeln. Voraussetzung ist, dass die Betroffenen eine Abhängigkeit zum Therapeuten entwickeln können, was auf den ersten Blick widersprüchlich erscheinen mag. Im Sinne der Übertragung ist dies aber notwendig, damit der Prozess der Verwandlung von einem bestrafenden in ein gutartiges Überich vollzogen werden kann. Erst wenn Abhängige eine widerstandsfreiere Beziehung zum Therapeuten bekommen, kann diese Veränderung beginnen.

Die Patientin fühlte sich verstanden und akzeptiert, wobei der Therapeut in dieser Phase im Sinne der Kohutschen Zwillingsübertragung als Einheit von ihr erlebt wurde. Statt dass ihr Gegenüber die abgespaltenen Ich-Anteile bzw. die projizierten bösartigen Überich-Anteile übernehmen musste, was sie als schwaches Ich und Opfer ihrer Umwelt zurückgelassen hätte, konnte sie langsam eine wohlwollende innere kritische Stimme entwicklen. Mit weniger moralisierendem Druck stand ihr mehr Raum zur Verfügung, die körperlichen »Kompensationsfelder« als solche zu erkennen, wodurch sie ihre sonstigen Bedürfnisse prüfen und diese Selbstprüfung in ein Selbstkonzept integrieren konnte. So bahnte sich auch ein Weg zu zuverlässigen zwischenmenschlichen Beziehungen zurück, die aus Angst oder Enttäuschung aufgegeben worden waren.

Durch den Einsatz von Mianserin (Tolvon/CH) zur antidepressiven Therapie mit einer positiven Wirkung auf Entzugssymptome gelang es der Patientin, ihren Benzodiazepin- und Schmerzmittelkonsum erheblich zu reduzieren. Diese erste Phase der Psychotherapie dauerte ca. 3 Jahre, gegen Ende dieser Zeit mit abnehmender Sitzungsfrequenz. In gebessertem Zustand konnten wir die Behandlung abschließen. Der Medikamentenkonsum hatte sich auf eine weit niedrigere Dosis stabilisiert, Frau B. konnte sich außerhalb des Hauses freier bewegen und dem Besuch kultureller Veranstaltungen (Oper und Theater) und kurzen Ferienreisen stand nichts mehr im Wege. Es war aber der Patientin und dem Therapeuten bewusst, dass eine Fortsetzung der Behandlung möglich, sogar wahrscheinlich war.

Nach wenigen Monaten kam es erneut zu einer Verschlechterung ihres Zustandes. Eine Fibromyalgie wurde diagnostiziert. Ihr Immunsystem war instabil, und sie litt immer wieder unter Erkältungen und spontanen Fieberschüben. Die Krankheiten hatten sie wieder zunehmend an das Haus gebunden. Sie begann eine Behandlung mit Tizanidin (Sirdalud/CH) gegen die heftigen Schmerzen und Citalopram (Seropram/CH) gegen die Fibromyalgie. Die Dosierung von Sirdalud hatte ihr Arzt im Laufe der Zeit auf 16 Tabletten am Tag gesteigert.

In einem Brief meldet sie sich mit dem Wunsch, die Behandlung fortzusetzen. Die Thematik der Sitzungen kreiste weniger um ihre psychischen Konflikte, hingegen nahmen ihre somatischen Beschwerden und deren Behinderungen viel Platz ein. Zudem hatte sie inzwischen die tägliche pflegerische und haushälterische Betreuung einer alten Frau übernommen, nachdem sie einen Rotkreuz-Grundkurs erfolgreich absolviert hatte. Diese Aufgabe stellte grosse psychische und körperliche Anforderungen an sie, aber trot aller Beschwerden war dies eine wichtige Stütze ihres neu-gewonnenen Selbstwertgefühls.

Obwohl wir die Persönlichkeitsanalyse nie aus den Augen verloren, nahmen die Gespräche zeitweise einen beraterischen bis supervisorischen Charakter an. Körperliche Beschwerden der damals 57 Jahre alt gewordenen Frau B. und die Alterungsprozesse ihrer Bezugspersonen brachten ihr ihren eigenen altersbedingten Abbau unerträglich nah.

Nach einer guten Phase in der Beziehung zu ihrem Mann waren erneut alte Partnerkonflikte aufgeflammt. Die sexuelle Beziehung der beiden, die über Jahre hinweg durch ihre Schmerzproblematik beinahe zum Stillstand gekommen war, veranlasste den Mann zu mehr Klagen über sie. Er entzog sich zunehmend aus den Konfliktsituationen zu Hause und Frau B. war tief gekränkt, verunsichert und schuldbeladen zugleich. Medizinische Behandlungen und psychotherapeutische Betreuung trösteten sie halbwegs über ihre Einsamkeit hinweg.

Ein Jahr später, also ungefähr vor 3 Jahren kam es zum dramatischen Tod ihrer Mutter. Die Mutter von Frau B, die an Krebs erkrankt war, erlitt in ihrem Beisein einen Magendurchbruch und verblutete. Frau B. meisterte die kritische Situation trotz der enormen emotionalen Belastung und nahm alle notwendigen Formalitäten unter Mithilfe ihres Mannes und die Beratung seitens des Therapeuten selbst in die Hand. Sie zeigte aber keine intensive Trauerreaktion, der Tod erleichterte sie in gewisser Weise auch. Sie war mit ihrem eigenen Mutter-Sein, mit dem Tod der einen Tochter und mit der ablehnenden Haltung der anderen Tochter beschäftigt und beherrscht von den Themen Wut und Schuld, sodass es schien, dass sie für den Tod der Mutter kein Interesse habe. In der Realität stand nun die Betreuung und Altersheimplatzierung ihres dement werdenden Vaters als weitere Herausforderung an.

Ein interessanter Widerspruch war zu beobachten. Auf der Handlungsebene war Frau B. leistungsfähig und behielt die Übersicht; auf der emotionalen Ebene schätzte sie sich selbst aber als hilflos und überfordert ein. Gerade in der Beziehung zu ihrem Vater manifestierten sich wieder alte psychische Konflikte. Als der Vater in ein Altersheim am Wohnort von Frau B. gebracht wurde, entwickelte er eine Altersparanoia mit Verarmungswahn und richtete seine Verdächtigungen gegen Frau B., was diese zutiefst kränkte. Sie erinnerten sie an all die alten Entwertungen, die sie durch ihren Vater erlebt hatte.

Ein halbes Jahr später erkrankte Frau B. körperlich schwer, sicherlich mit beeinflusst von einer zunehmenden Depressivität. Sie musste mit einer Norovirus-Infektion notfallmäßig ins Spital eingeliefert werden. Trotz des Fibromyalgie-Syndroms und des langjährigen Schmerzmittelabusus riet eine der Patientin sympathische Oberärztin zum Sirdaludentzug, in den sie erstaunlicherweise einwilligte und den sie auch erfolgreich und erleichtert abschloss.

In dieser Phase der Behandlung fanden die Sitzungen nicht mehr regelmäßig statt. Der Wunsch nach mehr Autonomie und die erlebten Fortschritte stimmten die Patientin zuversichtlich genug, dass sie »nach Bedarf« einen neuen Termin vereinbarte. Frau B. begann, soziale Kontakte zu knüpfen – sie trat einer Selbsthilfe-Gesprächsgruppe bei und erlebte, dass ihre Meinungen in den Diskussionen Gewicht hatten – und sie fing an, allein und auch mit ihrem Mann kleinere Ausflüge zu unternehmen.

Nach einer mehrmonatigen Pause meldete sich Frau B. vor einem Jahr für neue Gespräche an. Ihre körperlichen Beschwerden hatten einen neuen Höhepunkt erreicht und sie wusste nicht mehr weiter. Die alte Dame, die sie betreut hatte, war inzwischen gestorben und ihr blieb als einzige Aufgabe die gelegentliche, emotionsgeladene Betreuung ihres Vaters.

Sie fragte mich dann in der dritten Sitzung, was ich machen würde, wenn sie sagte, sie wolle sich suizidieren. Ich hatte diese Direktheit bei ihr nicht erwartet und ich fragte sie nach ihren Gedanken dazu. Sie deutete nur an, dass sie genügend Medikamente gesammelt habe, dass es »reichen würde«. Ich fragte sie, was sie meine, was ich denken und machen würde. Sie sagte dann, dass es nur wenig gäbe, was sie am Leben halte. Ich hätte als Therapeut halt noch einen »Fuß in der Tür«, die sie zu schließen geneigt sei.

Frau B. hatte mir in der ersten neuen Sitzung mitgeteilt, dass sie das bislang nicht Denkbare vornehmen werde: eine 14-tägige Ferienreise in den Norden – allein. In der weiteren Diskussion über einen möglichen Suizid eröffnete sie, dass die Zeit dort geeignet sei, um aus dem Leben zu treten. Ihr Motiv lag in erster Linie in den chronischen Schmerzen und den zunehmende Ängsten und Spannungen, die zu noch mehr Schmerzen führten. Ich beantwortete ihre Frage folgendermaßen: Ich werde sie nicht mit fürsorgerlichen Maßnahmen daran hindern, ihre Pläne umzusetzen, aber ich werde mit ihnen nach anderen Möglichkeiten suchen, die ihnen Leben erträglicher machen könnten. Trotz ihrer Anfälligkeit für suchterzeugende Medikamente schlug ich dem Hausarzt vor, Benzodiazepine zu verabreichen, zumal sie meines Wissens seit längerer Zeit keine mehr eingenommen hatte. Es schien mir dringender, die Suizidalität abzuwenden, als zu viele Gedanken über die Medikamentenabhängigkeit zu verlieren. Frau B. war einverstanden und teilte mir mit, dass sie an eine ähnliche Lösung gedacht hatte. Ihr Arzt war angesichts der prekären Lage mit dem Vorschlag sofort einverstanden. Mit einer minimalen Dosis besserte sich ihr Zustand dauerhaft. Sie beschloss, die Reise anzutreten mit der Vereinbarung, mich zweimal wöchentlich anzurufen. Die Hinreise verlief problemlos und sie überstand eine erste Periode der Einsamkeit ohne Schwierigkeiten.

Außerplanmäßig rief sie mich an, um mir mitzuteilen, dass ihr Vater einen Tag nach der Abreise gestorben war. Ihre Trauerreaktion fiel heftig aus. Sie fühlte sich trotz aller Wut ihrem Vater gegenüber schuldig, nicht bei ihm gewesen zu sein, beschloss aber ihre Ferien fortzusetzen, da ihr Mann bereit war, die notwendigen Formalitäten zu erledigen. Sie kehrte nach zwei Wochen zurück, war in ihrem positiven Selbst-Empfinden gestärkt und zuversichtlich und überzeugt, »vorläufig« am Leben bleiben zu wollen. Das Gewährenlassen und das Vertrauen des Therapeuten in die lebensbejahenden Kräfte der Patientin und die Verinnerlichung positiver Ich-Anteile, die zum Aufbau eines tragenden Ich-Ideals beitrugen, erübrigten weitere therapeutische Interventionen.

Bis zum heutigen Tag hat Frau B. keine neue Medikamentenabhängigkeit entwickelt. Nur noch einmal intervenierte ich, als ihre körperlichen Schmerzen wieder stärker wurden. Ich schlug eine weitere eingehende Untersuchung in einer Spezialklinik vor. Die Untersuchungen ergaben, dass die Fibromyalgie eine Fehldiagnose war, und dass sie an einer entzündlichen Rheumaerkrankung leide, die wahrscheinlich die Ursache ihrer als psychosomatisch eingestuften Fieberschübe war. Die nun eingeleitete Behandlung hat schon zu einer markanten und dauerhaften Reduktion der Schmerzen geführt.

Zusammenfassende Überlegungen

Ich gehe bei der Patientin von einer neurotischen (präödipalen) Entwicklung mit einer narzisstischen Problematik aus. Immer wieder wurden Schuld- und Schamgefühle erlebt, die ich als das Ergebnis unbewusster Aggressionen verstehe, einerseits erzeugt durch unerfüllte Bedürfnisse nach Liebe und Anerkennung und andererseits durch Entwertungen und Missachtungen seitens der Eltern. Ihre Suiziddrohungen und ihr Suchtverhalten können als Mittel zur Bestrafung der mitmenschlichen Umwelt durch Erzeugung von Scham und Schuld beim Gegenüber verstanden werden. Gleichzeitig ging es auch um die Ausübung von Macht, um andere zu tyrannisieren und zu kontrollieren. Hinzu kommt die Wut darüber, älter zu werden und den Abbau der eigenen Kräfte wahrnehmen zu müssen. Einige unbewusste Inhalte sind noch nicht bearbeitet worden. Hier denke ich vor allem an frühkindliche Trennungsdramen, die durch spätere Lebensereignisse wiederbelebt wurden (Tod des Bruders, Tod der Tochter, Scheidung usw.). Aber Frau B. verfügt über genügend positive Ich-Anteile, um Mittel und Wege zu finden, ihre negativen Gefühle zu kanalisieren und ihre Schwächen zu kompensieren.

Das Fazit dieser Behandlung bis heute ist folgendes: Auch wenn diagnostische Überlegungen zum Verstehen der therapeutischen Prozesse unerlässlich sind, möchte ich methodische Überlegungen hervorheben. Eine klassische Psychotherapie – ob tiefenpsychologisch (wie durchgeführt) oder verhaltenstherapeutisch – hätte im Fall von Frau B. nicht genügt, um die wechselnden Krankheitsschwerpunkte adäquat zu behandeln. Allein auf eine angst- oder depressionsbedingte Ätiologie ihrer körperlichen Beschwerden zu setzen, wäre falsch gewesen, auch wenn psychosomatische Ursachen nicht gänzlich auszuschließen sind. Die somatische Diagnose, welche die Hypothese einer psychosomatischen Störung eher widerlegt, ist nur ein Beispiel. Nach einer eingehenden Persönlichkeitsanalyse, die der Patientin half, ihre psychischen Reaktionen zu verstehen und psychische Werkzeuge zu entwickeln, mit denen sie neuen Konfliktsituationen besser begegnen konnte, mussten Therapeut und Patientin ihre Aufmerksamkeit auf Alltagsprobleme richten. Hier war praktische Lebenshilfe nötig in Form von Beratung, Anleitung und Interventionen, die üblicherweise nicht zum Repertoire einer klassischen Psychotherapie gehören. Gerade die Flexibilität im Behandlungsplan und in der Methode war der Grundstein für die Entwicklung einer positiven Übertragung.

In der ersten Phase der Psychotherapie trug die klassische Neutralitätshaltung des Therapeuten dazu bei, den Widerstand offenzulegen und ein dauerhaftes therapeutisches Bündnis herzustellen. In den folgenden Phasen, in denen Alltagsprobleme und wichtige Lebensereignisse die Thematik der Sitzungen bestimmten, war vom Therapeuten ein wohlwollendes Gegenwärtigsein im Sinne einer sozialpsychiatrischen Begleitung die geforderte Haltung.

Fruchtbare Impulse für die Therapie ergaben sich zudem aus der Tatsache, dass in den 8 Jahren der Behandlung natürlich auch der Therapeut, der wenige Jahre jünger als die Patientin war, älter wurde. So konnten beide, Patientin und Therapeut, einen Reifeprozess durchmachen, in dem sie sich mit ähnlichen Fragestellungen beschäftigen mussten, wie sie am Anfang dieses Berichtes erwähnt wurden. Die Entwicklung von Psychotherapie zum psychotherapeutischen Begleiten mündete in ein Führen, aber nie in ein Sich-Verführen-Lassen. Die therapeutische Neutralität und Distanz blieb gewahrt, die zwischenmenschliche Verbundenheit wurde vertieft.

Literatur

Binswanger L (1950/1992) Formen missglückten Daseins. In: Herzog M (Hg) Selected Works Vol. 1. Heidelberg (Asanger).
Freud A (1964/1984) Das Ich und die Abwehrmechanismen. Frankfurt/M. (Fischer).
Herdiekerhoff E (1987) Symptomspezifische psychoanalytische Differentialdiagnostik von psychischer Abhängigkeit und Sucht. In: Hahn P (Hg) Materialien zur Psychoanalyse und analytisch orientierten Psychotherapie 13. Göttingen (Vandenhoeck & Ruprecht) 67–111.

Kohut H (1977) Die Heilung des Selbst. Frankfurt/M. (Suhrkamp).
Kohut H (1971) Narzissmus. Suhrkamp, Frankfurt/M. (Suhrkamp).
Puccini D (1998) Der Wunsch und seine Beziehung zur Realität. Eine Untersuchung einiger
  Gründe des Drogenkonsums. Hamburg (Dr. Kovac).
Rost WD (1987) Psychoanalyse des Alkoholismus. Stuttgart (Klett-Cotta).
Wurmser L (1987) Flucht vor dem Gewissen. Analyse von Über-Ich und Abwehr bei schweren
  Neurosen. Berlin Heidelberg (Springer).

Korrespondenzadresse:
Dr. phil. Douglas Puccini
Klinischer Psychologe und Psychoanalytiker
Konstanzerstrasse 24
CH–9500 Wil
E-Mail: *dcpuccini@sunrise.ch*

Falldarstellung einer ambulanten Psychotherapie (VT) nach mehrfach gescheiterten Therapien

Michael Schmid (Reutlingen)

Zusammenfassung

Dargestellt wird die ambulante psychotherapeutische Behandlung eines 54-jährigen Mannes mit differenzialdiagnostisch abgrenzbaren komorbiden Ängsten (Generalisierte Angststörung, Agoraphobie mit paroxysmaler Angst), bei der exemplarisch verschiedene Methoden der Verhaltenstherapie eingesetzt werden. Die verhaltenstherapeutische Behandlung wurde nach weitgehend erfolglos verlaufenen psychotherapeutischen Vorbehandlungen und jahrelanger Chronifizierung aufgenommen. In der Fallkonzeptualisierung werden neben der verhaltensanalytischen Einordnung der Lebensgeschichte, störungstypische sowie aufrechterhaltende Aspekte erörtert und der Behandlungsplan kurz vorgestellt. Daran anschließend wird ein Auszug aus den ersten 45 Sitzungen gegeben.

Stichworte: Sorgen, paroxysmale Angst, Agoraphobie, Exposition, Verhaltensanalyse, negative Verstärkungsprozesse, Sorgenketten, Habituationstraining

Abstract: A case study of outpatient psychotherapy after several unsuccessful therapies

The outpatient psychotherapy treatment of a 54-year-old man with co-morbid fears is portrayed (generalized anxiety disorder, agoraphobia with paroxysmal anxiety). Different methods of behaviour therapy are exemplarily presented. The treatment was introduced after several previous psychotherapies which were unfortunately unsuccessful.

The following case presentation focuses on the behavioural analysis of life history, disease maintaining aspects and the treatment plan. Finally, an excerpt from the first 45 meetings is given.

Key words: uncontrollable worry, paroxysmal anxiety, agoraphobia, exposure, behavioural analysis, negative reinforcement processes, care chains, habituation training

1 Angaben zur spontan geäußerten Symptomatik

Der 54-jährige Patient leidet bei Behandlungsaufnahme unter chronischer Angst und anhaltenden Sorgen. Die Sorgen und die Angst sind für ihn nicht kontrollierbar. Er fühle sich – so sagt er – »permanent angespannt«, sei nervös bis reizbar, fühle sich ständig unter Druck, habe häufig Schwindelgefühle und Kopfschmerzen. Relaxation und Orientierung auf ausgleichende Tätigkeiten gelinge ihm nicht, er könne »nur durch 3 Bier am Abend einigermaßen herunterfahren«. Er wache mit Sorgen auf und gehe mit Sorgen ins Bett. Er fühle sich den Tag über »ausgelaugt und ausgebrannt«. Häufig habe er zusätzlich Durchschlafschwierigkeiten. Immer wieder schrecke er nachts durch Angstträume oder Angstgedanken hoch und verfalle dann in kreisende Sorgengedanken, von denen er sich nur tagsüber und dann nur partiell ablenken könne. Wenn er daran denke, wie alt er bereits sei und was er im Leben »zu Wege gebracht« habe, werde er traurig. Er sei »schon immer ein ängstlicher Mensch« gewesen. Die zentralen Ängste beziehen sich u. a. darauf, dass der Familie etwas zustoßen könne, er selbst eine schlimme Krankheit habe und vorzeitig sterbe oder Vorgesetzte ihm Schwierigkeiten bereiten könnten. Er »klebe« an solchen Sorgen fest und könne sich oft nicht mehr davon lösen.

Daneben zeigt der Patient ein generalisiertes phobisches Vermeidungsverhalten (Agoraphobie). Es werden agoraphobische Situationen beschrieben, die entweder vermieden oder aber mit hoher Angst »ertragen« werden und die teilweise mit plötzlich einsetzenden Panikattacken (paroxysmaler Angst) einhergehen. Damit sind häufig Schwindelanfälle verbunden sowie Ängste umzufallen und zu sterben oder Herzrasen und Zittern am ganzen Körper. Eine Reihe von Alltags- sowie Urlaubssituationen (Schlange stehen, Kaufhäuser, öffentliche Verkehrsmittel, Kinos, Aufzüge, Brücken, Tunnels, Bergtouren) könne er teilweise gar nicht mehr oder aber nur unter großer Anspannung »ertragen«. Häufig versuche er, diese Situationen zu vermeiden. Besonders bedrohlich sei für ihn, dass er zunehmend unsicher werde, sich alleine von zuhause zu entfernen.

Als typische Situation führt er an, dass er unlängst eine Fahrt zu einem guten Freund ins 250 km entfernte Hessen unternommen habe und nach etwa Zweidrittel der Wegstrecke aufgrund starker Angstsymptome habe abbrechen und umkehren müssen. Je näher er wieder in Richtung Heimat gekommen sei, desto mehr hätten die Angstsymptome nachgelassen.

Der Patient hatte bereits zwei ambulante Psychotherapieversuche unternommen und war zweimal zur Kur in einer psychosomatischen Klinik. Die ambulanten Therapien hatten nur zu kurzfristigen Entlastungsgefühlen im direkten Anschluss an die jeweiligen Sitzungen geführt, jedoch zu keinerlei nachhaltigen Veränderungen oder zur Vermittlung von Bewältigungsstrategien im Umgang mit den massiven Ängsten.

2 Lebensgeschichtliche Entwicklung und Auslöser

Der Patient lebte nur die ersten 3 Lebensjahre bei den Eltern. Die von chronischen Konflikten dominierte und zerrüttete Ehe der Eltern wurde geschieden, als der Patient vier Jahre alt war. Fortan wuchs er zusammen mit drei älteren Geschwistern bei der Großmutter auf. Die Mutter habe zwar nur wenige hundert Meter entfernt gelebt, sich jedoch für ihn »nicht zuständig« gefühlt. Sie sei eine zweite Ehe eingegangen, aus der 7 weitere Kinder hervorgingen. Der leibliche Vater habe sich im Leben nie mehr zurechtgefunden, er sei nach der Trennung »gebeutelt und gebrochen« gewesen. Bis dahin sei er, Erzählungen zufolge, ein »starker Mann« gewesen. Mit 48 Jahren habe er sich schließlich suizidiert.

Seine Mutter hatte der Patient immer als »kalt« erlebt. Sie habe ihn, wo es nur ging, entmutigt. Typische Kommentare seien gewesen: »Lass das, du schaffst es eh nicht!« Er habe deshalb Zeit seines Lebens unter »Beweisdruck« gestanden (»Ich wollte unbedingt, dass aus mir doch was wird!«).

Nach dem Hauptschulabschluss und einer Kfz-Lehre wurde er mit 22 Jahren Zivilangestellter bei der Bundeswehr als Kfz-Mechaniker. Von 1979 und 1982 lebte er in einer kurzen Ehe, die auf seinen Wunsch geschieden wurde. Seine Ex-Frau sei zwar »sehr lieb und nett« gewesen, er habe jedoch keine Liebe mehr zu ihr empfunden. Er habe sich nur deshalb mit der Trennung so schwer getan, weil seine Schwiegermutter für ihn wie eine Mutter gewesen sei.

Seit 1996 besteht eine zweite Ehe, aus der eine inzwischen 8-jährige Tochter hervorging. Die Ehefrau sei rezidivierend depressiv, in ihren Krankheitsphasen habe er sich »erstaunlich stark« gefühlt und für die Familie gesorgt. Seitdem sie psychisch stabiler sei, habe er erneut massive Ängste entwickelt.

Eindeutige Angstzustände kenne er seit seinem 28. Lebensjahr. Er erinnere, dass er seinerzeit erstmals Herzprobleme, Schweißausbrüche und Herzrasen erlebt hatte. Die erste Panikattacke trat 1995 während einer Autofahrt auf. Innerhalb weniger Monate kam es zu starken Generalisierungstendenzen, sodass er sich in immer mehr Lebensbereichen stark beeinträchtigt fühlte. 1996 erfolgte die erste psychosomatische Kur, eine weitere im Jahr vor der Aufnahme in die hier dargestellte ambulante Therapie.

3 Verhaltensanalyse

I Generalisierte Angststörung (GAS)

Im Vordergrund steht eine Generalisierte Angststörung, bei der es zu unkontrollierbaren anhaltenden Sorgenketten sowie zu Vermeidungs- und Rückversicherungsverhalten und einer chronischen Angespanntheit mit einer Fülle von somatischen Symptomen kommt. Anhand der Sorgentagebücher konnte festgestellt werden, dass sich der Patient täglich ca. 6 Stunden exzessive Sorgen macht.

Die Angst wird störungstypisch u. a. durch negative Verstärkungsprozesse (Vermeidung und Rückversicherung), durch dysfunktionale kognitive Schemata (Konzept der eigenen Insuffizienz, Konzept der eigenen Wertlosigkeit) sowie durch dysfunktionale sorgenspezifische Annahmen aufrechterhalten (etwa:»Wenn ich mir keine Sorgen mache, passiert vielleicht gerade deshalb etwas Schlimmes«). Daneben liegen bei ihm die von Becker und Margraf (2002, 2007) beschriebenen Sorgenketten vor. Hier kommt es u. a. zu einer kognitiven Vermeidung durch ein ›Sorgenhopping‹. Sobald ein sorgenvoller Inhalt angedacht wird und zu einem deutlichen Unbehagen führt, versucht sich der Patient durch ein Springen zu einem anderen Sorgeninhalt »abzulenken« bzw. zu entlasten. Daneben bestehen kontinuierliche Versuche der Gedankenunterdrückung, die mit einer Verstärkung des zu unterdrückenden Gedankeninhalts und mit massivem Hilflosigkeitserleben einhergehen.

Die Sorgenprozesse können entweder durch externe, identifizierbare Stressoren (z. B. Streit mit Vorgesetzten oder der Ehefrau, dem Blick aufs eigene Girokonto, dem Hören von Nachrichten) oder durch internale, oft nicht identifizierbare Stimuli (z. B. »Heute bloß an nichts Schlimmes denken!«; »Wenn es heute wieder anfängt, werde ich wohl immer kränker«; »Immer schön an etwas Gutes denken. Ich darf nur noch positiv denken, sonst rutsche ich ab.«) ausgelöst werden. Letztere gehen bei dem Patienten aufgrund fehlender Attributionsmöglichkeiten mit massiven Hilflosigkeitsgefühlen und der subjektiven Bestätigung der eigenen Insuffizienz einher, die im Sinne einer Sorgenkonsolidierung wirken und zur Verfestigung der geringen Erfolgs- und Kompetenzerwartung führen (Grawe 1998, 2004).

Auf dem Hintergrund der zurückliegenden Therapieversuche wurden mit dem Patienten die bisherigen unbefriedigenden Therapieverläufe detailliert analysiert. Die Therapiesitzungen seien, im Nachhinein betrachtet, vorwiegend »Erzählstunden« gewesen, durch die er sich unmittelbar entlastet habe. Er habe aber nichts dazugelernt und wisse nicht, wie er mit seinen Ängsten umgehen könne. Die beiden Therapeuten hätten zunehmend »gelangweilt« gewirkt und das Gespräch nicht aktiv geleitet.

Aus den Schilderungen des Patienten lässt sich folgendes Muster rekonstruieren: Sein enormer, auch für mich spürbarer Entlastungsdruck geht mit einem starken ›Erzähldrang‹ einher. Dieser Drang ist im Rahmen der generalisierten Angststörung als ein störungstypisches Entlastungs- und Rückversicherungsverhalten zu bewerten. Es ist vorstellbar, dass der Patient damit in den vorausgegangenen Therapien weitgehend die einzelnen Sitzungen »bestritt«, den Therapeuten damit »entwaffnete« und ihn in eine eher passive Rolle brachte. Dieses Therapeutenverhalten wirkte möglicherweise im Sinne wohlwollender Akzeptanz (im Sinne von Grawe 1998: Bedürfnis nach Bindung und Selbstwerterhöhung) zusätzlich kurzfristig beziehungsstabilisierend. Es ist außerdem festzustellen, dass (soweit retrospektiv erschließbar) eher wenige angstspezifische Behandlungselemente explizit verwandt wurden. Angstmodelle wurden eher ebenso wie Copingstrategien angedacht und immer einmal wieder angesprochen, aber nicht explizit vermittelt und über gezielte Übungen und Expositionen konsolidiert. Die in den zurückliegenden Therapien eingesetzten Entspannungsübungen wurden vom Patienten eher aversiv erlebt, u.a. weil sie zu einer erhöhten Introspektion führten mit der Folge einer vermehrten Sorgenproduktion und den damit einhergehenden Unruhezuständen.

Es war zunächst durchaus schwierig, dieses Entlastungsverhalten zu unterbrechen. Allerdings reagierte der Patient auf Unterbrechungen akzeptierend, sobald ein therapeutischer Erklärungszusammenhang hergestellt werden konnte.

II   Agoraphobie

Vom klinischen Störungsbild ausgehend war neben der GAS eine agoraphobische Symptomatik mit Panikattacken zu diagnostizieren. Diese ist eng mit der ängstlichen Konzeptualisierung »verzahnt«. Das erstmalige Auftreten agoraphobischer Angstgefühle und einer damit einhergehenden Panikattacke führte zur Ausprägung von Sekundärängsten sowie zu antizipatorischen Ängsten (Angst vor der Angst). Subjektiv erlebte der Patient die erste Panikattacke als Beweis dafür, dass die eigene Sorglosigkeit unangemessen und »doch gefährlich« sei (ex-conclusio-Schlussfolgerung).

Störungsspezifisch wird die Agoraphobie außerdem über massives und inzwischen generalisiertes Vermeidungsverhalten aufrechterhalten. Die selektive interozeptive Fokussierung und die Fehlattribuierungen wahrgenommener Körpersymptome gehen außerdem mit intermittierenden kognitiv-vegetativen Angsteskalationen (Panikattacken) einher.

Ätiologische Bedingungsgrößen im Sinne des Vulnerabilitätskonzepts
sind in einer unsicheren Bindung, frühen Unkontrollierbarkeitserfahrungen
(Konzept der »Negativen Emotionalität«, Chorpita u. Barlow 1998, Krüger
1996, Egle et al. 2005), eines non-validierenden elterlichen Interaktionsstils
sowie in den vielen negativ prägenden Zuschreibungen und Introjekten zu
sehen (»Du schaffst es eh nicht! Du bringst nie was zustande!«), die u. a.
mit einem dysfunktionalen, global-internalen Attributionsstil hinsichtlich
von Misserfolg und Versagen einhergehen. Das Leben stellt dann für den
Patienten einen »einzigen Beweisakt« dar (ausgeprägte »pass-or-fail«-Kon-
zeptualisierung) bei gleichzeitiger negativer Introjektion und Identifikation
mit der zugeschriebenen Minderwertigkeit sowie geringer Selbstwirksamkeit
(self-efficacy) und den daraus logisch abzuleitenden Sorgen über die fehlenden
eigenen Ressourcen und Kompetenzen, mit Lebensproblemen umgehen
(Misserfolgserwartung) bzw. diese erwerben zu können.

Die hohe Verhaltensunsicherheit und das instabile Selbstbild verhin-
derten eine angemessene aktive Selbststeuerung bei der Verfolgung eigener
Bestrebungen und Ziele. So konnten und können bereits bei kleinen Alltags-
krisen massive Angstzirkel getriggert werden, die mit einer tiefgreifenden
Verunsicherung einhergehen. Verhaltensanalytisch geht die GAS mit einem
chronisch erhöhten Arousal einher, das über eine erniedrigte Angstschwelle
weitere Angstanfälle deutlich begünstigt und den Patienten für die Entstehung
komorbider Angst disponiert.

4 Behandlungsziele und Behandlungsplan (Ausschnitt)

Die zentralen Behandlungsziele bestehen in der Reduktion der chronifi-
zierten Angst und der damit einhergehenden chronischen Angespanntheit,
der Unfähigkeit sich zu entspannen, der Schlafstörungen usw. wie auch der
phobischen und mit zeitweiligen Panikattacken einhergehenden Symptomatik. Hierfür müssen die kardinalen, dysfunktionalen kognitiven Schemata
therapeutisch herausgearbeitet und therapeutisch modifiziert werden. Daneben sind störungsspezifische Expositionsbehandlungen durchzuführen.
Bezüglich der Sorgenketten sind Sorgenbereiche zu differenzieren und diese
einzeln abzuarbeiten.

Auf dem Hintergrund der Sozialisationsgeschichte des Patienten sollte
daneben ein Abschnitt der Therapie auf den Bereich der Gestaltung sozialer
Interaktionen vor allem unter dem Aspekt »Herstellen gelingender Beziehungen« verwandt werden, da hierin eine wesentliche Quelle für korrektive
und schema-inkompatible Erfahrungen (z. B. bezüglich der eigenen Insuffizienz
und Fehlerhaftigkeit) zu sehen ist. Hier sind gegebenenfalls vorhandene Social

Skill Defizite und Störungen in der Informationsverarbeitung sozialer Prozesse, z. b. aversive Selbstaufmerksamkeit und Sicherheitsverhalten und/oder antizipatorisch und retrospektiv dysfunktionale Verarbeitung mitzubehandeln (Stangier et al. 2003).

Ein weiterer Aspekt der Behandlung besteht in der Implementierung einer weniger »beschadeten« und funktionaleren Lebensperspektive unter Berücksichtigung des fortgeschrittenen Lebensalters des Patienten. Das subjektive Gefühl, einerseits »in den Kinderschuhen steckengeblieben« zu sein und andererseits sich bereits in der 6. Lebensdekade zu befinden, zementiert die Gefühle von eigener Insuffizienz, Ohnmacht und Perspektivlosigkeit für das noch bevorstehende, potenziell beeinflussbare Leben auch hinsichtlich der teilweise als vital empfundenen ungelebten Wünsche.

5   Behandlungsverlauf (Ausschnitt)

Im ersten hier dargestellten Behandlungsabschnitt (45 Sitzungen) wurde weitgehend nach dem störungsbezogenen und aus der Verhaltensanalyse abgeleiteten Behandlungsplan vorgegangen. Insgesamt sprach der Patient sehr gut auf das gewählte Vorgehen an.

Um nicht in die Gefahr eines weiteren, eher erfolglosen Therapieversuchs zu kommen, wurde sehr darauf geachtet, mit dem Patienten das Therapierational durchzugehen und einen Therapiekontrakt zu schließen. Darin wurde unter anderem festgelegt, dass »Entlastungsverhalten«, wie etwa die extensive Wiedergabe aller möglichen Sorgen, zwar sehr gut nachvollziehbar und therapeutisch geführt auch sinnvoll ist, jedoch alleine keinen therapeutischen Fortschritt bringt, wenn damit der Raum für therapeutische Interventionen und die Erarbeitung notwendiger Kompetenzen entfällt. Für diese Sichtweise zeigte er sich sehr offen. Es wurde besprochen, dass in der Therapie strukturiert vorgegangen wird und die Struktur der einzelnen Sitzungen entsprechend gekennzeichnet wird. Es wurde auch betont, dass die Expositionsbehandlung zur Behandlung der Generalisierten Angst (Verhinderung des Rückversicherungs- und Vermeidungsverhaltens, Selbstexposition, »Sorgendrehbuch« und Sorgenexposition, kognitive Therapie der Sorgen) für ihn anspruchsvoll und anstrengend sein wird und u. a. mit der Bereitschaft, Angst auszuhalten, einhergehen muss.

Es wurde ein für den Patienten transparentes Störungsmodell erarbeitet, das die gegenwärtigen Angstsymptome plastisch erklärte und in einen erklärbaren Zusammenhang mit der eigenen Lebensgeschichte brachte. Die durch die frühe Vernachlässigung geprägten Gefühle von Hilflosigkeit, Angst und Überforderung bei gleichzeitiger Identifikation mit Versagergefühlen und versagenden Personen (v. a. dem Vater) sind dabei im Sinne des Vulnerabilitätskonzepts als wesentliche störungsdisponierende Sozialisationsfaktoren anzusehen.

Mit den detaillierten und veranschaulichenden Erläuterungen und Etikettierungen trat eine gewisse Erleichterung und eine Erhöhung der Selbstakzeptanz ein (z. B. »Dann spinne ich also nicht, sondern das ist doch erklärbar!«).

Die transparente, klare Strukturierung führte zu einer Erhöhung der Änderungserwartung und infolgedessen auch zu einer Erhöhung der Therapiemotivation. Diese Faktoren sind sicher prognostisch als günstige Prädiktoren anzusehen.

Im ersten Behandlungsabschnitt wurde daneben eine genaue Erhebung und Exploration der Sorgen (Sorgentagebuch) vorgenommen und mit deren Bearbeitung und Modifikation begonnen. Dabei zeigte sich, dass der Patient mehr als 6 Stunden täglich sich in Sorgen verlor und durch die Verkettung der Sorgen massive Gefühle von Hilflosigkeit und Kontrollverlust erfuhr. Dies führte tagtäglich zu einem subjektiven Beweis des eigenen Versagens. Daneben bewertete er in einer zirkulären Schlussfolgerung der Sorgenkette wie folgt:

1. Metasorge: »Die vielen Sorgen, die über mich hereinbrechen, zeigen, dass sie berechtigt sind, sonst hätte ich sie ja nicht!«.

2. Metasorge: » Wenn ich einfach so in den Tag hineinleben und mir keine Sorgen machen würde, dann würde sicher noch viel mehr schief gehen. Sich keine Sorgen zu machen ist evtl. noch schlimmer als sich dauernd Sorgen zu machen«.

Es wurden folgende Sorgenbereiche herausgearbeitet, Sorgen bezüglich:

➤ des Berufs (»Wenn ich so weitermache, werden die mich nicht mehr ernst nehmen und dann schmeißen sie mich vielleicht raus«.)

➤ der eigenen finanziellen Zukunft (»Wenn ich meinen Job verliere, dann kann ich nicht mehr meine Familie versorgen«.)

➤ der Ehe (»Meine Frau könnte sich von mir trennen, weil ich so kompliziert und so schwach bin«.)

➤ der Erziehung (»Vielleicht übertrage ich alles schlechte auf meine Tochter und sie wird am Ende genauso«. Oder: »Vielleicht erziehen wir unsere Tochter ganz falsch und sie wird keine Freunde haben und schrecklich leiden«.)

➤ des Verhältnisses zur Tochter (»Vielleicht lehnt sie mich ab, weil ich so schwach bin«.)

➤ der eigenen Gesundheit (»Wenn ich so weitermache, könnte ich noch irgendwann das Spinnen anfangen und dann in eine Klinik eingewiesen werden. Ich könnte auch einen Herzinfarkt bekommen«.)

➤ der Lebensperspektive (»Mein Leben könnte sich am Ende als einziger

Kampf und sinnlos erweisen – weil ich nichts wirklich zu Wege gebracht habe«.)

➤ der Freunde/des sozialen Umfeldes (»Alle bisherigen Freunde/Bekannte könnten sich von mir abwenden, weil ich so komisch bin. Sie könnten die Nase voll haben von mir«.)

Davon abgrenzbar waren die agoraphobischen Ängste, deren Behandlung weiter unten noch dargestellt wird.

Hinsichtlich der Hauptbefürchtungen wurden, analog zum Behandlungs-manual von Becker und Margraf (2002), Sorgenbereiche und Sorgenhierar-chien herausgearbeitet und dann wurde mit der Bearbeitung der Hauptsorgen begonnen. Dabei wurden sogenannte Sorgendrehbücher erstellt, bei denen die schlimmste Sorge und der schlimmste denkbare Ausgang detailliert dargestellt wurden. Aufgrund der störungstypischen kognitiv-emotionalen Vermeidung wurde auf eine »emotionsdichte« Ausgestaltung geachtet (alle Sinneskanäle, die eigene Person im Geschehen aktiv handelnd usw.) und schließlich multiple in-sensu-Konfrontationen durchgeführt. Der Patient wurde immer wieder angehalten, in der Situation zu verbleiben und die Vitalität seiner Imagination und den Grad der Anspannung teilweise analog, teilweise post hoc einzustu-fen. Die so vorbereiteten und durchgeführten Expositionen erwiesen sich als hocheffektiv. Es wurden zunächst heftige emotionale Reaktionen ausgelöst, die sich über Habituationsprozesse immer weiter reduzierten. Der Patient bekam zwischen den Sitzungen als Hausaufgabe, die jeweilige in-sensu-Übung täglich zu Hause durchzuführen (Selbstexposition).

Da er aufgrund der agoraphobischen Symptomatik so stark beeinträchtigt war, wurde, nachdem die ersten Sorgenbereiche erfolgreich bearbeitet waren, entschieden, mit der Therapie des phobischen Vermeidungsverhaltens zu be-ginnen. Dies war umso dringlicher, als der Patient als Chauffeur eines großen Betriebs berufsbedingt quasi »zwangsweise« verpflichtet war, z. T. weite und unbegleitete Fahrten zu unternehmen und sich somit phobisch besetzten Situationen auszusetzen. Fahrten, bei denen er hochrangige Personen beför-derte, waren ebenfalls extrem angstbesetzt. Hier dominierte zusätzlich die Angst durch Schwitzen oder Zittern sowie durch Entscheidungsunsicherheit im Verkehr, den zu befördernden Gästen negativ aufzufallen und sich damit beruflich zu gefährden. Fahrten über hundert Kilometer Entfernung waren für ihn kaum noch zu ertragen. Von daher war zu befürchten, dass er ohne erneute psychotherapeutische Behandlung, seine Arbeitsfähigkeit tatsächlich einbüßen und somit auch seine Erwerbsgrundlage verlieren könnte.

Bei der agoraphobischen Symptomatik dominierte die Angst vor der Angst und die damit einhergehenden Körpersymptome: »O Gott gleich geht's wieder mit den Schwindelgefühlen los und dann werde ich wieder panisch und es entstehen peinliche Situationen!« Sekundär triggerten solche agoraphobischen Situationen auch die Sorgenketten und konsolidierten die erlebte Hilflosigkeit und ›Ressourcenlosigkeit‹ (insuffizientes Selbstwirksamkeitserleben).

Wegen der Einschränkungen der Arbeitsfähigkeit wurden zunächst berufsrelevante Situationen gewählt, wie die Entfernung mit dem Auto von zuhause und Situationen in Staus und Tunnels sowie der Aufenthalt in Menschenmengen (Märkte, Warteschlangen, Kaufhäuser). Daneben mussten auch die anderen störungstypischen Situationen berücksichtigt werden, vor allem die Höhenexposition. Die Furcht vor Höhe ging mit einem subjektiv sehr hohen Leidensdruck einher, da er sich vor seiner Tochter und seiner Frau schämte und an einigen Familienunternehmungen nicht mehr teilnehmen konnte (»Ich kann meiner Tochter noch nicht einmal mehr den Fernsehturm zeigen. Wenn wir in die Berge fahren, kann ich auf keinen Berg mehr hoch. An Kabinen- oder Sessellifts ist schon gar nicht mehr zu denken!«).

Nach der Erarbeitung von Angstverlaufskurven, der Erläuterung des therapeutischen Vorgehens und nach Abschluss des Therapiekontrakts wurde mit einer in-vivo-Expositionsphase begonnen. Da diese im ambulanten 50-Minuten-getakteten Setting zeitlich nicht unterzubringen ist, wurde – wie in der Verhaltenstherapie üblich – mehrfach ein Vormittag eingeplant (abrechnungsfähig).

Die zunächst angeleitete und begleitete Durchführung dieser Expositionen zeigte sich als hocheffektiv. Es wurden bei dem Patienten heftige Reaktionen mit massivem Zittern, Schweißbildung, hoher Anspannung und massiver Angst ausgelöst. Dabei zeigte sich, dass es für die ersten Expositionen unerlässlich war, die phobischen Situationen in Therapeutenbegleitung aufzusuchen. Für den Patienten, der sich Zeit seines Lebens in wichtigen, vor allem aber angstbesetzten Situationen stets emotional allein gelassen gefühlt hatte, war es eine zentrale und neue Erfahrung, in hochängstlichen Situationen eine sichere emotionale Stütze zu haben und die Angstsituation mit therapeutischer Begleitung »bestehen« zu können. Vor diesem Erfahrungshintergrund war er zunehmend motivierter, phobische Situationen auch alleine aufzusuchen.

Hinsichtlich der Implementierung einer weniger »beschadeten« und funktionaleren Lebensperspektive im fortgeschrittenen Lebensalter wurden u. a. die Selbstwirksamkeitserwartungen unter Berücksichtigung der zugrundeliegenden negativen Emotionalität mit folgenden Maßnahmen konsolidiert.

➤ Positiv-Tagebuch: Der Patient wurde gebeten, eine Liste mit seinen eigenen positiven Eigenschaften anzulegen. Gleichzeitig sollte er fünf Leute seines sozialen Umfelds bitten, das Gleiche zu tun und »nur ehrlich gemeinte und tatsächlich erlebte« Positiveigenschaften zu beschreiben. Er legte schließlich eine Liste mit den gesammelten Positiv-Zuschreibungen in Form eines Protokollbogens (8 Eigenschaften) an, worin er jede identifizierbare Situation eintrug, die zu einer der genannten Positiveigenschaften passte bzw. diese widerspiegelte. Hier sollten gerichtete, schemainkompatible Erfahrungen auf eine für den Patienten validierbare Weise zu einer sukzessiven Entkräftung dysfunktionaler Annahmen der eigenen Insuffizienz eingesetzt werden.

➤ Life Charts: Anhand eines Life Charts (Lebenslinie) wurde mit ihm das bisherige Leben unter ressourcenorientierten Gesichtspunkten »gescreent«. (Wo gab es Hochphasen und Wendepunkte im Leben, welche Lebensziele habe ich erreicht, welche aktiven Entscheidungen habe ich getroffen, welche Personen haben mich ein Stück meines Lebens begleitet und gaben mir Halt, was waren für mich gelingende Beziehungen und positive soziale Modelle?)

Zur Konsolidierung einer funktionalen Lebensperspektive wurde u.a. über die Vorstellung eines »wohlwollenden Gegenübers« ein positives Priming (d.h. Bahnung) über eine unbeschadetere, positive und sinnorientiertere Sichtweise des nächsten Lebensdrittels induziert (z.B.: Wenn Sie sich eine Person vorstellen, die Ihnen gegenüber vollkommen und unerschütterlich wohlwollend ist, die Ihr Leben kennt und all das, was Sie auch an Umbrüchen und Schwierigem hinter sich gelassen haben, was würde Ihnen diese Person für die nächsten Jahre/den Rest Ihres Lebens wünschen? Was sollte in Ihrem weiteren Leben unbedingt Berücksichtigung finden und Bedeutung erlangen, damit es Ihnen lebenswert und sinnvoll erscheint. Welche sozialen Beziehungen sind dabei bedeutungsvoll?)

Die eingeleiteten Maßnahmen gingen mit deutlichen Veränderungen und einer deutlichen Reduktion der komplexen Angstsymptomatik einher. Dabei hatte sich der konsequente verhaltenstherapeutische Zugang (Strukturierung der Therapie in übersichtliche, für den Patienten verständliche Einheiten, begleitete Exposition, Selbstexposition, Überprüfung und Evaluation) als sehr effektiv erwiesen.

Die eingeleiteten Schritte und angewandten Methoden sollen im weiteren Verlauf fortgesetzt werden, um eine weitere Stabilisierung und Konsolidierung zu erreichen. Daneben ist die kognitive Bearbeitung verbleibender dysfunktionaler Grundüberzeugungen fortzuführen. Aus Untersuchungen ist ersichtlich, dass vor allem bei der GAS die Sorgenbereiche einzeln abgearbeitet werden müssen, da ein anfänglich eher geringer positiver Transfer von bearbeiteten Situationen auf noch nicht bearbeitete Situationen ausgeht.

Der Patient zeigte sich durch die bisherige Therapie sehr ermutigt und stabilisiert. Er äußerte, dass die wiedergewonnene Freiheit für ihn bis vor kurzer Zeit »völlig undenkbar« gewesen wäre und er stolz auf das bisher Erreichte sei.

Die positive Änderungserwartung konnte im Laufe der Therapie weiter erhöht werden, ebenso die Introspektionsfertigkeit und Experimentierbereitschaft. Therapiecompliance und Änderungsmotivation sind noch immer ausgesprochen hoch. Die Therapeut-Patient-Beziehung ist sehr vertrauensvoll und tragfähig und für den abschließenden Teil der Behandlung weiterhin gut nutzbar. Ich gehe nach heutigem Stand von einem guten Ergebnis und nachhaltigen und zeitstabilen Änderungen und einer positiven Langzeitprognose aus.

Literatur

Becker E, Margraf J (2007) Generalisierte Angststörung. Weinheim (Beltz-PVU).

Fliegel S, Kämmerer A (2006) Psychotherapeutische Schätze – 101 bewährte Übungen und Methoden für die Praxis. Tübingen (DGVT).

Grawe K (2004) Neuropsychotherapie. Göttingen (Hogrefe).

Grawe, K (1998) Psychologische Psychotherapie. Göttingen (Hogrefe).

Hänsgen M (2003) Charakteristika der Sorgen und Gedankenkontrolle bei GAS. Regensburg (Roderer).

Linden M und Hautzinger M (2000) (Hg) Verhaltenstherapiemanual Berlin Heidelberg (Springer).

Margraf J (2000) (Hg) Lehrbuch der Verhaltenstherapie Bd. 2. Berlin Heidelberg (Springer).

Schneider S, Margraf J (1998) Agoraphobie und Panikstörung. Göttingen (Hogrefe).

Schneider S, Margraf J (2008) Panik: Angstanfälle und ihre Behandlung. Berlin Heidelberg (Springer).

Stangier U, Heidenreich T. Peitz M (2003) Soziale Phobien. Weiheim (Beltz-PVU).

Korrespondenzadresse:
Dipl.-Psych. Michael Schmid
Psychotherapeutische Praxis
Kaiserstr. 15
D–72764 Reutlingen
E-Mail: *psychpraxis.schmid@t-online.de*

Behandlung »Alter Junger«: Besonderheiten der Übertragung

Elke Richartz-Salzburger (München)

Zusammenfassung

Nicht nur im klassischen Kontext der Gerontopsychotherapie, sondern auch in alltäglichen Beratungssituationen »Alter Junger« kommen spezifische psychodynamische Phänomene zum Tragen. Der vorliegende Fallbericht veranschaulicht einen charakteristischen Rollenkonflikt und dessen Auswirkungen auf die Übertragungssituation eines 58-jährigen Patienten, der am Übergang zu einem neuen, dem dritten Lebensabschnitt, steht. Reflexion und Deutung der auftretenden Übertragungsphänomene geben diagnostische und therapeutische Hilfen.

Stichworte: »Alte Junge«, Übertragung, umgekehrte Übertragung

Abstract: Treating the »young elderly«: Focusing on transference

Not only in the context of classical geropsychotherapy, but also in the daily consultations of elderly people, specific psychodynamic reactions become noticeable. This case study reflects the difficulties a patient in his late fifties has accepting a non-dominant role. The countertransference reflects a characteristic role conflict people have when their children are grown up and are confronted with the beginning phase of their own aging. The awareness and interpretation of the specific psychodynamic reactions contribute to conflict resolution and may encourage the patient to accept his »new age«.

Key words: young elderly, countertransference, inverse countertransference

Einleitung

Die Bedeutung und die Chancen psychotherapeutischer Angebote für ältere Patienten werden zunehmend erkannt. Zwar sind die Vorbehalte gerade von Menschen der älteren Generation gegenüber Psychotherapie immer noch beträchtlich, doch werden psychosoziale Beratungsangebote auch von älteren Personen immer häufiger in Anspruch genommen.

Forschung und Praxis der *Gerontopsychotherapie* befasst sich mit den spezifischen Aufgaben und Rahmenbedingungen der psychotherapeutischen Arbeit mit Älteren, zu der mittlerweile umfangreiche Literatur zu Verfügung steht (Radebold 1974, Heuft u. Marschner 1994, Heuft et al. 2000).

Eine zentrale Besonderheit der Arbeit mit älteren Patienten stellt die *umgekehrte Übertragungskonstellation* dar (Radebold 1992, Heuft 2000). Der Therapeut ist 30, 40 oder noch mehr Jahre jünger als der Patient, und es liegt nahe, dass der Patient im Therapeuten zunächst einmal weniger eine weise Elternfigur sieht, als vielmehr eines seiner Kinder. Je nach seinen früheren Beziehungserfahrungen wird er das Kind möglicherweise für unwissend bzw. unreif halten oder aber umgekehrt sehr viele Erwartungen – gegebenenfalls eigene ungelebte Wünsche – in das Gegenüber projizieren.

Da die Therapeuten in der klassischen gerontopsychiatrischen Beratungssituation in der Regel eine oder gar zwei Generationen jünger sind, stellt sich die »umgekehrte Übertragung« als natürliches und nachvollziehbares Phänomen dar.

Weniger eindeutig erscheint die Übertragungssituation bei Patienten, die den »Alten Jungen« angehören. Die Rollenverteilung zwischen Therapeut und Patient ist zunächst weniger festgelegt. Die Patienten befinden sich an der Schwelle zu einem neuen Lebensabschnitt, sie stehen vor der Herausforderung, sowohl im familiären als auch im beruflichen Kontext, bisherige Rollen überdenken, aufgeben und neue finden zu müssen. Eine solche Zeit des Umbruchs kann mit einer erheblichen persönlichen Verunsicherung einhergehen, was zunehmend auch »Alte Junge« eine Beratung aufsuchen lässt. Nicht selten spiegeln sich biografisch bedingten Irritationen in der therapeutischen Übertragungssituation wieder.

Das folgende Fallbeispiel soll veranschaulichen, wie der Übergang von der beratenden, überlegenen Elternrolle in eine ratsuchende, hilfsbedürftige Position (also die klassische Übertragungsposition) auch zur Verunsicherung innerhalb der Beratungssituation führen kann.

Ein 58-jähriger Ingenieur, Herr U., wurde zur Demenzabklärung vom Hausarzt in die hiesige Memory Clinic überwiesen. Er erscheint etwa eine viertel Stunde vor dem Termin. Der gepflegt-sportlich gekleidete Herr zeigt sich bei der Begrüßung sehr freundlich, mit jovial anmutender Geste überlässt er der (deutlich jüngeren) Ärztin den Vortritt in das Untersuchungszimmer. Verschiedene ärztliche Befundberichte breitet er übersichtlich und chronologisch geordnet auf dem Tisch aus. Es gehe darum, so erläutert er, abzuklären, ob er an einer beginnenden Alzheimererkankung leide. Er beschreibt genau, welche Untersuchungen bereits durchgeführt wurden, nun habe der Hausarzt ihn zum »Spezialisten« schicken wollen.

Auf Nachfrage, wie denn der Verdacht auf ein Demenzentwicklung zustande komme, berichtet er, dass er seit einigen Monaten häufiger Namen, Termine und Vereinbarungen vergesse und zwar mehr als früher. Manchmal gehe er in den Keller und habe unten vergessen, was er habe holen wollen. Auch seiner Frau sei seine zunehmende Vergesslichkeit aufgefallen. Aus Furcht, sich zu blamieren, meide er in letzter Zeit Treffen mit Bekannten, obwohl er grundsätzlich ein geselliger Typ sei. Nachts wache er auf und mache sich Sorgen um seine Gesundheit und die Zukunft. Entsprechend müde und erschlagen fühle er sich tagsüber. Er habe Mühe bei seiner gewohnten Zeitungslektüre. Bei der Arbeit in einem Ingenieurbüro brauche er für seine Berechnungen und Diktate länger als früher. Auf Nachfrage meint er, die Kollegen hätten noch nichts gemerkt, er habe als Leiter einer Abteilung einen eigenen Büroraum und könne seine Defizite bisher verstecken. Große Angst habe er jedoch aufgrund seiner Vergesslichkeit und seine Unkonzentriertheit über kurz oder lang doch Fehler zu machen und den Kollegen aufzufallen.

Nach seinem privaten Umfeld befragt, berichtet er von den erwachsene Kindern: Die Tochter sei verheiratet und erwarte das erste Kind, der Sohn habe Mathematik studiert, aber keine feste Anstellung. Geld verdiene der Sohn mit Erstellung von Computersoftware im Rahmen von Zeitverträgen, ihm fehle jedoch eine richtige Struktur, auch mit seinen Freundinnen klappe es nie so recht. Vom Vater lasse er sich jedoch nichts sagen.

Seine Frau sei Lehrerin, sie würden sich in ihren Interessen grundsätzlich gut ergänzen. Erstmalig wird der Patient etwas nachdenklich. In letzter Zeit allerdings gebe es häufiger Differenzen. Anlass dazu sei nicht nur seine Vergesslichkeit, sondern auch, dass er nicht zu den Dingen Lust habe, die sie mit ihm unternehmen möchte. Er wolle häufig seine Ruhe, seine Frau sei zunehmend unzufrieden damit. Früher hätten sie die Wochenenden immer Unternehmungen gemacht, oft mit Freunden, heute sei ihm das alles zuviel. Seine Frau reagiere darauf oft gereizt, zeitweise würden sie sich nur anschweigen. – Das sei aber ja nun nicht das Thema, weswegen er zu mir gekommen sei, unterbrach der Patient sich selbst. »Ich komme wegen Gedächtnisstörungen, und wir sollten mit den Untersuchungen anfangen«

In der Tat ist aber eine umfassende Anamneseerhebung eine wesentliche Aufgabe einer Gedächtnisambulanz. Bevor die Ärztin zu den einzelnen Untersuchungen übergeht, betont sie die Bedeutung der Anamnese, untersucht dann den Patienten ausführlich, ordnet entsprechende Zusatzuntersuchungen an und schlägt einen Termin zur Wiedervorstellung vor, um gemeinsam die Befundergebnisse und das weitere Vorgehen zu besprechen.

Herr U. fragt drängend nach: »Aber sie veranlassen doch bestimmt auch ein PET?« Auf das Verneinen reagiert der zuvor sehr freundliche Patient regelrecht verärgert. Er habe sich ausführlich erkundigt und sich im Internet belesen, dass man mit nuklearmedizinischen Untersuchungen wie PET eine Alzheimererkrankung viel früher erkennen könne als mit anderen Methoden. Deswegen sei er schließlich gekommen.

Nun thematisiert die Ärztin erstmals die Beziehungsebene: Auch wenn er erfreulich gut Bescheid wisse, hätte die Klinik jedoch viel Erfahrung und das Vorgehen zur Abklärung von Gedächtnisstörungen sei gut überlegt. Er aber zweifle vielleicht etwas an ihrer Kompetenz. Der Patient stutzt ein wenig und wirkt ratlos. Ein weiterer Termin wird angeboten, um die erhobenen Befunde und das weitere Procedere zu besprechen. Etwas missmutig nimmt der Patient den Termin an und verabschiedet sich: »Na gut, dann warten wir eben erst mal die jetzigen Ergebnisse ab.«

Beim Folgetermin wirkt der Patient auf eine gewisse Art älter. Unter einem grauen Anzug trägt er ein wenig passendes T-Shirt, ein nicht zu übersehener Missmut hat das Gönnerhafte verdrängt. Die Ergebnisse werden durchgesprochen. Wie bereits im ersten Gespräch rein klinisch zu beobachten war, haben sich auch in einer ausführlichen testpsychologischen Untersuchung keine über das Altersmaß hinausgehenden kognitiven Einschränkungen gezeigt, die die Diagnose einer Demenz erlauben würden. Hingegen kann erhärtet werden, dass die anamnestisch geschilderten Konzentrationsprobleme mit einer erhöhten Depressivität zusammenhängen.

Mit dem Patienten werden nun die typischen nicht krankhaften Veränderungen der kognitiven Leistungsfähigkeit, wie sie mit zunehmendem Alter auftreten, erörtert. Nach einer vordergründigen Erleichterung wird dennoch eine gewisse Unzufriedenheit des Patienten deutlich: Er könne nicht glauben, dass nichts Organisches vorliege. Er besteht auf einer nuklearmedizinischen Untersuchung, um frühzeitige Stoffwechselveränderungen zu »detektieren«. Abermals lehnt die Ärztin dies ab und erklärt auch warum. »Ich sehe schon,« reagierte Herr U, »hier komme ich nicht weiter«.

Die Ärztin betont, dass sie da ganz anderer Meinung sei. Sie nehme die Beschwerden des Patienten sehr ernst und halte eine angemessene Behandlung für dringend angezeigt. Nun erklärt sie ihn über die Symptome einer Depression auf, die sich mit zunehmenden Alter häufig weniger im seelischen Erleben, vielmehr eher organisch, eben auch hirnorganisch, präsentiere. Vergesslichkeit und Konzentrationsstörungen seien nicht nur Zeichen einer Demenz, sondern auch typische Symptome einer Depression. Seine Schlafstörungen, seine Sorgen um Gesundheit und Zukunft, aber auch seine spürbare Reizbarkeit , die sich nicht zuletzt auf die Ehe auswirke, würden ebenfalls dazu passen.

Herr U. schweigt. Ja, räumt er ein, eigentlich sei er anders als früher, häufig schlecht gelaunt, missmutig und könne kaum etwas einfach genießen. Wozu das alles, frage er sich manchmal. So habe er sich noch nie gefühlt, er sei immer ein Macher gewesen, er kenne sich gar nicht mehr.

*Schließlich wird der Vorschlag einer antidepressiven Therapie gemacht.
Der Patient bittet sich Bedenkzeit aus, möchte aber überraschenderweise von
sich aus einen zeitnahen Folgetermin: »Aber da kann ich dann auch wieder
zu Ihnen kommen?«*

Das geschilderte Beispiel stellt weder eine klassische psychotherapeutische
Gesprächssituation dar noch eine typische gerontopsychiatrische Übertragungssituation zwischen einem alten Patienten und einer ein oder zwei Generationen jüngeren Therapeutin. Es geht um die psychiatrische Abklärung
eines kognitiven Beschwerdebildes, der Patient ist nur knapp 15 Jahre älter
als die Ärztin. Doch zeigt die Szene sehr anschaulich die Wirkung von Rol-
lenzuschreibungen und die Verunsicherung des Patienten bezüglich seiner
aktuellen Rolle.

Auf der Übertragungsebene erscheint der Patient in der Eingangsszene
als angenehm auftretender, kooperativer, »erwünschter« Patient. Sein etwas
gönnerhaftes Auftreten lässt rasch sein narzisstisch getöntes Gefühl der Überlegenheit erkennen, was durch die deutliche Tendenz zum Konkurrieren mit
der Ärztin unterstrichen wird. Er weiß über alles Bescheid, ist den anderen
»voraus«, was er u. a. durch sein sehr frühes Erscheinen und die Übersicht
über alle Befunde und deren Erörterung zum Ausdruck bringt. Relativ spät
kommt die Ärztin zu Wort. Dem unangenehmen Thema eines möglichen
Partnerschaftskonfliktes weicht er aus, indem er die Ärztin wie ein Lehrer
oder Vorgesetzter schließlich zur Durchführung ihrer Aufgaben »ermahnt«,
nämlich zur Durchführung der von ihm so erwarteten Spezialuntersuchungen.
Hier spiegelt sich sein bisherige Rolle als überlegener Partner wieder, sei es
als Vater, Vorgesetzter oder dominierender Ehepartner.

Entsprechend brüskiert reagiert er auf das Ablehnen seiner »Forderung«
nach einer PET-Untersuchung. Er wird damit konfrontiert, dass die medizinische Institution und hier ganz konkret die Ärztin die Spezialistin ist und
nicht er. Narzisstisch gekränkt verlässt er die erste Sitzung.

Interessanterweise zeigt der Patient in der Folgesitzung ein ganz anderes
Auftreten. Sowohl äußerlich als auch psychopathologisch rücken die depressiven Anteile seiner Störung in den Vordergrund. Möglicherweise erlaubte die
Deutung in der vorausgegangenen Sitzung, dass sich die Beziehung verändert
hatte und er in die depressive Position gekommen war, in der seine Hilfsbe-
dürftigkeit und vielleicht sogar seine Abhängigkeitswünsche emotional stärker
zum Tragen kommen. Die Verunsicherung und Abhängigkeitsängste lassen
ihn allerdings rasch wieder seine alte Rolle einnehmen. Die Verwendung des
Begriffs »detektieren« lässt die Untersucherin an einen »Detektiv« denken,
der hinter ihr her ist, sei es um Fehler aufzudecken, sei es, um ihre Überlegenheit »einzufangen«. Das Eingehen auf seine eigentliche Not erlaubt ihm

Therapieberichte

nun abermals, seine depressiven Gefühle und Ängste zuzulassen. Der rasche Wechsel der Beziehungsdynamik wird freilich besonders augenfällig bei der überraschenden Frage zum Schluss, ob er wieder zu ihr kommen »darf«. Verunsicherung und Trennungsängste klingen an.

Älter Werden

Der hier geschilderte Patient befindet sich in einer Lebenskrise, die eng mit den typischen Konflikten des Übergangs in das Dritte Lebensalter (»junges Alter«) in Zusammenhang steht. In psychodynamischer Sicht ist die Beziehung zwischen nun älter gewordenen Eltern und erwachsenen Kindern häufig noch von Ablösungskonflikten der Kinder geprägt, zugleich werden die Eltern selbst noch einmal mit eigenen Ablösungsängsten und Autonomiekonflikten konfrontiert. Der gewonnene Freiheitsgrad nach Abschluss der familiären Aufbau- und Erziehungsphase verlangt nach neuer Gestaltung; innerhalb der Partnerschaft sind Rollen neu zu definieren. Darüber hinaus kann die Ahnung einer möglichen Umkehr der Abhängigkeitsverhältnisse die Beziehung zwischen den älter werdenden Eltern und nun autonom lebenden Kindern beeinflussen.

Die Herausforderungen dieser Entwicklungsaufgabe liegen nun weniger im organisatorischen und alltagspraktischen Bereich wie in den jungen Jahren, in denen »ein Haus gebaut, Kinder gezeugt und ein Baum gepflanzt« wird, und in denen es darum ging, sich in der Welt mit Beruf und Familie einzurichten. Nun stehen vielmehr inhaltliche Auseinandersetzungen an, und nicht selten kommt man in Berührung mit bislang vermiedenen Themen und überkommenen Einstellungen. Bisherige Kompensationsmöglichkeiten verlieren an Wirksamkeit und alte Konflikte werden unter Umständen reaktiviert. Vor allem die Autonomie-Abhängigkeitsproblematik erfährt angesichts des Älterwerdens eine neue Aktualität und kann mit narzisstischen Krisen einhergehen (Peters 1998, Peters u. Kipp 2002). Zunehmend wenden sich Menschen in dieser dritten Lebensphase auch an Beratungsstellen, weil sie Unterstützung bei der Bewältigung auftretender Krisen suchen.

Die Therapie- bzw. Beratungssituation wird zudem nicht nur durch die spezifischen Themen und die besondere Übertragungssituation geprägt, sie ist auch von den persönlichen Erfahrungen des Therapeuten abhängig. Durch den Altersunterschied erleben viele Therapeuten sich anfänglich in der Position von Söhnen oder Töchtern, wodurch sofort eigene Übertragungen angesprochen und u.U. sehr intensive Gefühle reaktiviert werden. Diese oft von Ambivalenz geprägte Gefühlsvielfalt, gespeist aus den Erfahrungen mit den eigenen Eltern, wird noch komplexer durch die Vorstellungen, die Therapeuten vom eigenen

Altern haben (Hirsch 1997). Ein konstruktiver Behandlungs- bzw. Beratungs-verlauf setzt daher nicht nur das Verständnis der Übertragungshintergründe des Patienten voraus, sondern auch die Auseinandersetzung mit der eigenen Position, den persönlichen Übertragungsgefühlen sowie mit den subjektiven Ängsten und Vorstellungen vom eigenen Altern (Battegay 1997).

Fazit

In allen Beratungssituationen, ärztlichen Untersuchungen und nicht nur in der klassischen Psychotherapie sind Überlegungen zur Psychodynamik und Übertragung hilfreich. Zum einen helfen sie im unmittelbaren Umgang mit dem »schwierigen« Patienten, zum andern können sie wertvolle diagnostische Hinweise geben, die die organische und psychiatrische Diagnostik ergänzen. Schließlich ist, wie in anderen therapeutischen Bereichen, der Austausch solcher Assoziationen und Überlegungen zu den unterschiedlichen Über-tragungsphänomenen mit anderen Therapeuten beispielsweise in Form von Super- oder Intervision außerordentlich hilfreich.

Literatur

Battegay R (1997) Der Einfluß des Alters in der Psychotherapie auf Patient und Therapeut. In: Wenglein E (Hg) (1997) Das dritte Lebensalter. Psychodynamik und Psychotherapie bei älteren Patienten. Göttingen (Vandenhoek & Ruprecht) 49–67.

Heuft G, Marschner C (1994) Psychotherapeutische Behandlung im Alter – State of the art. Psychotherapeut 39: 205–219.

Heuft G, Kruse A, Radebold H (Hg) (2000) Lehrbuch der Gerontopsychosomatik und Alters-psychotherapie. München, Basel (Reinhardt).

Hirsch RD (1997) Übertragung und Gegenübertragung in der Psychotherapie mit älteren Pa-tienten. In: Wenglein E (Hg) (1997) Das dritte Lebensalter. Psychodynamik und Psychothe-rapie bei älteren Patienten. Göttingen (Vandenhoek & Ruprecht) 68–94.

Peters, M. (1998). Narzisstische Konflikte bei Patienten im höheren Lebensalter. Forum der Psychoanalyse 14: 241–257.

Peters M., Kipp J. (Hg) (2002). Zwischen Abschied und Neubeginn. Entwicklungskrisen im Alter. Gießen (Psychosozial-Verlag).

Radebold H (1974) Zur Indikation direkter und indirekter psychotherapeutischer Verfahren im Bereich der Geriatrie. Act geront 4: 479–483.

Radebold H (1992) Psychodynamik und Psychotherapie Älterer. Berlin, Heidelberg New York (Springer).

Therapieberichte

Korrespondenzadresse:
Priv.-Doz. Dr. Elke Richartz-Salzburger
Winlandstr. 9
D–81549 München
E-Mail: *elke.richartz@gmx.de*

Was hätte Paracelsus (1493–1541) zur Alterspsychiatrie im ehemaligen Kloster St. Pirminsberg wohl gesagt? – Die Alterspsychiatrie der Psychiatrie-Dienste St. Gallen Süd (Ostschweiz)

Daniel Strub (Pfäfers)

Paracelsus gehörte im Mittelalter zu den Ersten, die Medizin nicht mehr als verstaubtes akademisches Wissen verstanden sondern das Heilen damals schon als »bio-psycho-soziale« Aufgabe betrachteten. Die akademischen Dogmen waren ihm teils zuwider. Vielmehr überprüfte und benutzte er das tradierte Volkswissen, behandelte individuell – heute würde man vielleicht sagen »personenzentriert«. Paracelsus liebte das Reisen. So entdeckte er auch die landschaftlichen Reize von Pfäfers, das dortige Kloster St. Pirminsberg und dessen heilende Quelle. Dem damaligen Abt stellte er sogar ein ärztliches Konsilium aus, das heute noch gelesen werden kann!

Der gotische Bau ist mittlerweile abgebrannt, die imposante Barockkirche ist aber auch schon mehr als 300 Jahre alt. Trotzdem oder vielleicht deswegen: St. Pirminsberg fasziniert, die dicken Gemäuer strahlen Sicherheit und Geborgenheit aus, für viele ist das ehemalige Kloster ein Kraftort. Die Klinik Pfäfers wirkt wunderbar abgelegen. Allerdings fährt man nach Zürich oder St. Gallen lediglich 60 Minuten, zur deutschen Grenzen eine dreiviertel Stunde, nach Österreich noch weniger.

Heute ist die Klinik Pfäfers Teil des psychiatrischen Versorgungsnetzes für den südlichen Teil des Kantons St. Gallen. Zwischen Bodensee und Zürichsee stehen den rund 180.000 Einwohnern nebst der Klinik (143 Betten) drei ambulante Regionalzentren zur Verfügung, zwei davon mit einer Tagesklinik.

Das alterspsychiatrische Angebot bettet sich in dieses Gefüge ein und umfasst stationäre und ambulante Dienste, die eng miteinander zusammenarbeiten. Es ist ein selbstverständlicher Teil der stationären Akutversorgung mit jährlich 300 Aufnahmen. Die Arbeit ist weit entfernt von der früheren Tradition der Gerontopsychiatrie, in der diese noch als Langzeitpsychiatrie verstanden wurde!

Das stationäre Angebot

Stationär hat die Alterspsychiatrie drei Stationen mit insgesamt 43 Betten. Die bei Bedarf geschlossene *Aufnahmestation* (14 Betten) und eine permanent offene *Rehabilitations- und Psychotherapie-Station* (14 Betten) bilden die Abteilung 50+, weil dort Patienten der zweiten Lebenshälfte in Empfang genommen werden. Nicht nur betagte Patienten sondern auch solche »im reiferen Alter« schätzen die etwas ruhigere Atmosphäre. In der psychotherapeutischen Arbeit müssen teils auch die spezifischen Probleme dieser Generationen angegangen werden, etwa Konflikte mit den eigenen Eltern und Kindern (Sandwich-Generation) oder die Chronifizierung später im Leben aufgetretener psychiatrischen Erkrankung.

Ziel der Behandlung ist die psychopathologische und psychosoziale Stabilisierung. Dazu werden nebst der Pharmakotherapie die begleitende Bezugspersonarbeit (Pflege), Einzel- und Gruppengespräche (Psychologin und Arzt), das Vermitteln von Fachinformation durch den Arzt (»Patientengruppe«), das Haushaltstraining und die Bewegungs- und Aktivierungstherapie eingesetzt. Bei Bedarf wird auch eine angepasste Wohnmöglichkeit gesucht, sicher aber immer für die ambulante Nachbehandlung gesorgt. Die oberärztlich geführte Angehörigenvisite bildet das Kernstück der psychotherapeutischen Arbeit in der Abteilung 50+. Dabei werden, wenn immer möglich, Angehörige und Bezugspersonen in diese Visite mit einbezogen und beraten.

Manchmal begleiten wir auch sterbende Patienten, was interdisziplinär in enger Zusammenarbeit mit dem Nachbarspital geschieht (Palliative Care).

Die stationäre Alterspsychiatrie umfasst auch eine *Memory-Station* (15 Betten) für Demenzkranke (Alzheimer, Parkinson-Demenz, Alkohol-induzierte Demenz etc.), bei denen zusätzliche psychiatrische Probleme auftreten (Depression, Delir, Wahnstörung) und für die eine weitere Diagnostik und Behandlung notwendig ist. Zur Abklärung gehören Labor und Bilddiagnostik (MRI), das Demenzscreening (Pflege) und bei Bedarf eine umfassende neuropsychologische Testabklärung (Neuropsychologin). Zu diagnostischen aber auch zu therapeutischen Zwecken versuchen wir ausserdem möglichst detailliert, die frühere Persönlichkeit des Patienten zu erfassen (Pflege, Arzt). Zur psychosozialen Abklärung ist prinzipiell eine enge Zusammenarbeit mit den Angehörigen, aber auch mit den umliegenden Alters- und Pflegeheimen unabdingbar. Therapeutisch nimmt die Bezugspersonarbeit (Pflege) mit einem Schwerpunkt im ROT (Realitätsorientierungs-Training) und in der SET (Selbsterhaltungstherapie) einen wichtigen Platz ein. Bei leichten Demenzformen wird eine den kognitiven Einschränkungen angepasste Psychotherapie praktiziert (Arzt und Psychologin). Wichtig sind im Weiteren die Bewegungstherapie und die Aktivierungstherapie, die auf der Station durchgeführt wird und eine eminente Rolle in der Tagestrukturierung einnimmt.

Die Unterstützung der Angehörigen ist bei Demenzpatienten zentral. So informieren wir sie über die Medikation ihres Familienmitglieds und bieten Angehörigenschulungen durch die Pflege an, in denen vor allem Informationen und Ratschläge zum Umgang mit dem kranken Familienmitglied vermittelt werden.

Auch auf dieser Memory-Station werden immer wieder unheilbar kranke Patienten bis zu ihrem Versterben palliativ behandelt und begleitet.

Weiterentwicklung der ambulanten Versorgung

Ambulant wurden in den letzten Jahren diverse Angebote ins Leben gerufen:

Seit 1997 werden dezentrale Sensibilisierungsnachmittage für das Personal von Alters- und Pflegeheimen organisiert, die mittlerweile sehr beliebt sind und bei denen jährlich mehrere hundert Pflegefachleute aus Heim- und Hauspflege (Spitex) zusammenkommen. Alters- und Pflegeheime haben oft nur wenig Geld für hausinterne Weiterbildungen bei einem großen Bedarf an alterspsychiatrischen Kenntnissen vor Ort. Um diesem Problem entgegenzuwirken, bieten die Psychiatrie-Dienste Süd zusammen mit einem Privatanbieter ein Qualifizierungsprogramm zur psychiatrischen Begleitung in Alters- und Pflegeheimen an.

Gleichzeitig wurden Treffen für Angehörige von psychisch kranken Alterspatienten, genannt »Pirminsberger Gespräche«, ins Leben gerufen. Die dreistündigen Abendveranstaltungen beginnen meist mit einem Impulsreferat. In Kleingruppen oder beim Abendessen werden dann vielfach auch die persönlichen Grenzen und Nöte besprochen – der eigentliche Sinn der Sache!

Seit 1999 werden in unserem Einzugsgebiet zwei ambulante Gedächtnissprechstunden durchgeführt, die eine Sprechstunde in der Klinik selbst im Sinne eines komplementären Angebots zur stationären Memory-Station, die andere in einem Psychiatrie-Zentrum zusammen mit einem Regionalspital. Von dieser Sprechstunde ausgehend werden pro Patient 1 1/2-tägige Untersuchungen mit anschliessender Beratung durchgeführt. Es handelt sich um eine interdisziplinäre Arbeit, in die pflegerisches und psychiatrisches Wissen sowie Erkenntnisse aus der Verhaltensneurologie und Neuropsychologie einbezogen werden.

2001 war Startschuss des Projekts »Alterspsychiatrie vor Ort«, das sich den Aufbau einer flächendeckenden alterspsychiatrischen Versorgung der Alters- und Pflegeheime des Einzugsgebiets zum Ziel setzte. Praktisch wollten wir mehr Heimpatienten den Zugang zu einer fachlich fundierten Behandlung anbieten. Auch lag uns das Coaching des Pflegepersonals sehr am Herzen, namentlich durch fallbezogene Supervision, aber auch Konsiliar- und Liaison-Arbeit. Untersuchungen zeigen nämlich, dass unter den Heimbewohnern eine hohe Prävalenz von psychischem Leid zu finden ist. In Grossstudien in den USA (Reichman 1998) waren ca. 40% der Heimbewohner psychisch belastet, bei 25% lag eine Depression vor. Unsere Erfahrungen zeigen, dass ältere Leute bei psychischen Problemen bedeutend weniger als Junge den Weg zum Spezialisten finden. Diese Realität ist bei den weniger mobilen Heimbewohnern noch ausgeprägter. Diese Pionierarbeit wurde mittlerweile in 40 der 55 Heime unseres Einzugsgebiets etabliert und ist zum unverzichtbaren Bestandteil der psychiatrischen Grundversorgung geworden.

Weitere Entwicklung

In den kommenden Jahren ist eine Erweiterung der alterspsychiatrischen Angebote geplant. Es werden spezialisierte Sprechstunden in den regionalen Zentren und neue regionale Tageskliniken in den regionalen Spitälern aufgebaut. Nach jahrelanger Zurückhaltung bekommt die Alterspsychiatrie bei uns auch politische Rückendeckung, was sehr erfreulich ist. So wird 2010 außerdem auf dem Klinikareal ein »Zentrum für Alterspsychiatrie« eröffnet. In Zukunft werden gute Versorgungsstrukturen und Räumlichkeiten weniger ein Problem darstellen, als die Rekrutierung von motiviertem und gut ausgebildetem Personal. Im Unterschied zu anderen deutschsprachigen Nachbarländern gibt es in der Schweiz seit Mitte 2006 die Möglichkeit, einen berufspolitisch anerkannten medizinischen Schwerpunkt »Alterspsychiatrie und Alterspsychotherapie FMH« zu erlangen – ein Schritt also in die gute Richtung.

Paracelsus würde sich wohl sehr über diese Entwicklungen freuen: St. Pirminsberg lebt weiter und die gemeindenahe Versorgung erreicht immer besser das ihm so liebe »Fußvolk«.

Korrespondenzadresse:
Daniel Strub
Leitender Arzt Alterspsychiatrie
Klinik St. Pirminsberg
Klosterweg
CH–7312 Pfäfers
E-Mail: *daniel.strub@psych.ch*
Internet: *http://www.psychiatrie-sued.ch*

Buchbesprechungen

Imbke Behnken, Jana Mikota (Hg) (2008) Gemeinsam an der
Familiengeschichte arbeiten. Texte und Erfahrungen aus Erinnerungswerkstätten. Weinheim München (Juventa) 240 S., Euro 26

Bezugspunkt der Veröffentlichung sind die Aktivitäten, die sich um das seit
etwa zehn Jahren in Deutschland virulente Thema der Erinnerungen an die
Kriegskindheit entwickelt haben. Die Herausgeberinnen sind feste Größen
in dem Kreis der »Kriegskinder«-Forscher und stehen als Erziehungs- und
Literaturwissenschaftler für einen interdisziplinären Ansatz.

Eine Vielzahl der Aktivitäten – bis hin zu einem eigenen Kriegskinderverein
– werden dabei von Personen getragen, die selbst ein durch das Schicksal
als Kriegskinder (Flucht oder Vertreibung, das Erleben von Bombennächten
oder den frühen Verlust eines Elternteils) geprägt oder, neutraler formuliert,
gegangen sind.

Damit verbunden ist eine gewisse Grenzverwischung zwischen biogra-
fischer Betroffenheit und wissenschaftlicher Forschung, die wohl lange
dazu beitrug, dass dieser Aspekt deutscher Zeitgeschichte erst in den Fokus
rückte, als die Forscher selbst mit dem Ausscheiden aus dem Berufsleben
eine gewisse Zäsur erlebten. Nicht nur sie kommen zu Wort, sondern eben
auch diejenigen, die sich als »Kriegskinder« zu den Werkstätten an die Universität Siegen und an das Kulturwissenschaftliche Institut Essen einladen
ließen. Gut die Hälfte der Druckseiten sowie die beiliegende CD-Rom sind
mit ihren Erinnerungen gefüllt.

Wie Jürgen Zinnecker in seinem einführenden Text schreibt; geht es bei den
Erinnerungswerkstätten (ihrer Dokumentation und den darum organisierten
weiterführenden Veranstaltungen) um »Erinnerungs-, Aufarbeitungs- und
Bildungsarbeit«. Damit rückt er unterschiedliche Zielgruppen in den Blick:
Die einstigen Kriegskinder finden in den Werkstätten einen geschützten und
strukturierten Rahmen, um eigenes Erleben mit anderen auszutauschen.
Mitunter zum ersten Mal gestehen sie sich lange (auch vor sich selbst) ver-
schwiegene Erlebnisse und Gefühle zu und erfahren in der Gruppe Anerkennung und Würdigung. Dies hat nicht nur im Sinne der »Erinnerungstherapie«
eine heilende Funktion für die Wunden der Vergangenheit, sondern bietet
Menschen, die häufig noch in der Phase der Anpassung an den Ruhestand
stehen, auch die Chance der sinn- und beziehungsstiftenden Betätigung, wie
Insa Fooken in ihrem Beitrag darlegt.

Um »Aufarbeitung« kann es sich dabei sowohl für den Einzelnen handeln,
der sich mit seiner individuellen Lebensgeschichten auseinandersetzt, wie auch

für die deutsche Gesellschaft insgesamt, wird doch mit der Thematisierung der Kriegskindheit eine neue Diskursebene in die Erinnerungspolitik unserer Nachkriegszeit eingeführt. Hier sitzen die Täter mit Sicherheit nicht mit an Tisch und Aufnahmegerät (wenn sie auch mitunter durch die Väter- und Müttergestalten gespensterhaft herumspuken). Die deutsche Zeitgeschichte kann sich einer »unschuldigen« Thematik widmen und Anschluss an ähnliche Forschungsarbeiten im Ausland finden. Zugleich wird durch die Aufarbeitung versucht – mehr oder weniger realistisch – einen Bogen zu spannen zu den vielfältigen Kriegskindheiten, die es seither reichlich in aller Welt zu beklagen gibt.

Die Realisierung des Bildungsauftrags sehen die Verfasser schließlich in der Herausgabe von Materialien (so auch durch die CD-Rom), die zur Information von Mitarbeitern in der Altenhilfe wie auch von Kindern und Jugendlichen genutzt werden können.

Zum Phänomen alternder Gesellschaften zählt, dass Rückblick Konjunktur hat. Zur deutschen Besonderheit gehört die Ambivalenz, die dem Erzählen über das Leiden am Krieg lange mitschwang. War indes Jörg Friedrichs 2004 erschienenes Buch über den Luftkrieg als »Relativierung der Verbrechen des Naziregimes« noch angefeindet worden, bleibt die Schilderung des Leidens der Kriegskinder ungerügt. So leisten sie nachgerade einen entlastenden Beitrag im Prozess der individuellen und kollektiven Aneignung von Geschichte, schreiben ein neues Kapitel in der Bearbeitung des Nationalsozialismus und verhelfen so zu einem weiteren Entwicklungsschritt bei der Rückkehr als »normales« Land in die Staatengemeinschaft.

Welche Erkenntnisse gewinnt nun der Leser aus den in dem Buch versammelten Einzelbeiträgen? Wirklich Neues wird der durchschnittlich interessierte Zeitgenosse kaum erfahren. Wer sich indes mit dem Gedanken an die Durchführung eigener Erinnerungswerkstätten (es muss ja nicht das Thema Krieg sein) trägt, findet in den methodisch orientierten Ausführungen etwa von Imbke Behnken und Ursula Pietsch-Lindt manche Anregung. Letztere reflektiert auf interessante (wenn auch sprachlich nicht immer ganz glückliche Weise), wie die Rezeption von literarisch verarbeiteten Kriegserinnerungen auf die Erinnerungen ihrer Werkstattteilnehmer wirkt. Die Originalbeiträge der Kriegskinder gewähren einen realistischen Einblick, die von derartiger Zeitzeugenarbeit zu erwarten sind – samt ihrer Grenzen.

Von beiden Werkstätten wird berichtet, dass einige Teilnehmer nach den ersten Treffen nicht wieder kamen. Leider wird nicht auf die Gründe des Wegbleibens eingegangen. Sie mögen so banal wie Urlaubsreisen oder Erkrankungen sein, könnten allerdings auch Aufschluss über die Grenzen derartiger Angebote geben und Anhaltspunkte liefern für andere Formen der Auseinandersetzung mit solchen belastenden Themen.

Die Stärke dieser Veröffentlichung liegt darin, die immer noch herrschende Scheu (oder das Unwissen) gegenüber dem Nachfragen und Zuhören abzubauen. Denn Reden über das, was gewesen ist und was man so lange nicht ansprechen konnte oder wollte, bändigt die Schatten der Vergangenheit und hilft, ein als isoliertes Schicksal begriffenes Leiden zu relativieren.

An ein anonymes Publikum gerichtet, verlieren die Beiträge allerdings häufig an Lebendigkeit, die Neugier des Lesers schwindet bald dahin. Durch eine literarische Bearbeitung der Beiträge ließe sich sowohl die Thematik und wie auch die dazugehörige Gefühlswelt weit besser transportieren. Im unmittelbaren Kontakt, sei es als Zeitzeugenbefragung im Geschichtsunterricht oder natürlich innerhalb der Familie, kann indes – zumal gegenüber der Enkelgeneration – eine Dichte entstehen, die eine Auseinandersetzung mit historischen Quellen und Romanen ergänzt, beflügelt oder erst neugierig werden lässt. (Kommentar meines halbwüchsigen Sohnes, nach Anhören von 1 ½ Beiträgen: »Na, ja, ist schon interessant, aber besser wär's doch, man würde die Leute persönlich treffen und ihnen richtig Fragen stellen können …«)

Angelika Trilling (Kassel)

Literatur

Friedrich J (2004) Der Brand. Deutschland im Bombenkrieg 1940–1945. Berlin (List).

Zum Titelbild

Die Größe der Berge und die Kleinheit der Menschen

Cäcilia Arnold und Annette Glaser (Schaffhausen)

Diese Collage entstand in der Ergotherapie während eines 2-monatigen stationären Aufenthaltes eines 58-jährigen Patienten auf einer Akutstation des Psychiatriezentrum Breitenau.

Der Patient hatte mehrere Jahre zuvor seine langjährige Festanstellung als Computerfachmann in einer großen pharmazeutischen Firma aufgrund von Restrukturierungsmaßnahmen verloren. Er hatte sich in der Folge dann selbstständig gemacht und war gemeinsam mit einem Partner als Finanzberater tätig. Er geriet in diesem sehr harschen beruflichen Umfeld jedoch zunehmend unter Druck und in eine finanzielle Notlage. Auf diese Belastung reagierte er mit anhaltenden und starken Schlafstörungen sowie mit ausgeprägten depressiven Symptomen. Er fühlte sich in die Enge getrieben und verarbeitete dies zunehmend wahnhaft. Da er keinen Ausweg mehr sah, setzte er in suizidaler Absicht seine Herzmedikamente ab. Seine langjährige Partnerin bestand auf einen Termin beim Hausarzt und über den Notfallpsychiater wurde er mit einem Fürsorgerischen Freiheitsentzug (FFE, entsprechend den deutschen Unterbringungsgesetzen) in die psychiatrische Klinik eingewiesen.

Der anfänglich sehr verängstigte Patient, der neben depressiven auch psychotische Symptome entwickelt hatte, sprach auf die medikamentöse, milieutherapeutische und psychotherapeutische Behandlung gut an. Die Ergotherapie war für ihn auch von großer Wichtigkeit. Dort fand er mittels kreativem Gestalten zu seiner künstlerischen Ader zurück und entdeckte diese Ressource, die während der arbeitsintensiven Zeit der Selbstständigkeit ganz ungenutzt geblieben war, für sich wieder neu.

Vertraut mit Material und Werkzeug startete er mit der Bearbeitung eines Specksteins. Eine Blockade, verursacht durch Unsicherheit über das »Wie-Weiter« und durch hohe eigene Ansprüche, konnte durch eine neue Aufgabenstellung, nämlich eine Collage zu gestalten, zunächst umgangen und schließlich überwunden werden. Es entstanden Klebebilder mit Bergen, Bauwerken und zum Teil mit Menschen. Wichtig war ihm dabei die Großartigkeit der Natur, insbesondere die der Bergwelt, in der er aufgewachsen war. Daneben platzierte er bekannte, von Menschen geschaffene Bauwerke, die zwar ebenfalls beeindruckend sind, aber nie die Großartigkeit der Natur erreichen, wie er dazu bemerkte. In mehreren Collagen waren im Kontrast dazu kleine Menschen zu sehen, die von den Naturelementen überragt oder herausgefordert werden. Diese Kollagen sollten die Kleinheit und Unbe-deutsamkeit der Menschen darstellen. In der Rückschau war es dem Patient wichtig gewesen, sich wieder als gestaltende Person zu erleben und die daraus resultierende Energie zu erfahren.

Korrespondenzadresse:
Cäcilia Arnold und Annette Glaser
Psychiatriezentrum Breitenau
Spitäler Schaffhausen
Breitenaustr. 124
CH–8200 Schaffhausen
E-Mail: *Ergotherapie@breitenau.ch*

Autorinnen und Autoren

Georg Adler, geb. 1958, Prof. Dr., nach dem Studium der Medizin, Philosophie und Altphilologie Assistenzarzt in Anatomie, Neurophysiologie, Neurochirurgie, Neurologie und Psychiatrie. Facharzt für Psychiatrie und Psychotherapie. Forschungsaufenthalt am Institute of Psychiatry in London. 1994 Habilitation bei Prof. H. Häfner in Mannheim und Oberarzt am Zentralinstitut für Seelische Gesundheit. Seit 2006 Leitung des Instituts für Studien zur Psychischen Gesundheit (ISPG) in Mannheim. Forschungsprojekte zu Alzheimer-Demenz, Depressionen im Alter und Schizophrenie.

Cäcilia Arnold, geb. 1967, Ergotherapeutin, Abschluss der Schule für Ergotherapie Zürich 2004, seither Arbeit im Bereich Gerontopsychiatrie in der Psychiatrischen Klinik Breitenau, Schaffhausen.

Gerhard W. Eschweiler, geb. 1961, Priv. Doz. Dr. med., Arzt für Neurologie, Psychiatrie und Psychotherapie, Geriatrie, Oberarzt der Gerontopsychiatrie der Universitätsklinik für Psychiatrie und Psychotherapie Tübingen, Kommissarischer Leiter der Geschäftsstelle des Geriatrischen Zentrums am Universitätsklinikum Tübingen.

Simon Forstmeier, geb. 1973 in Darmstadt, Dr. rer. nat., Dipl.-Psych., wissenschaftlicher Oberassistent am Psychologischen Institut der Universität Zürich; Koordinator des Spezialambulatoriums für Psychotherapie des Lehrstuhls Psychopathologie und Klinische Intervention (Prof. Dr. Dr. Andreas Maercker). Fachgebiete: Klinische Gerontopsychologie, unter anderem motivationale Reservekapazität bei Alzheimer-Demenz und motivationale und volitionale Prozesse in der Psychotherapie.

Ruth Frei, geb. 1952, Dipl. Sozialarbeiterin FH und MAS Gerontologie. Redaktorin für das schweizerische Pflegefachmagazin NOVAcura, freie Journalistin BR mit den Schwerpunkten Alter und Generationen. Mitbeteiligung am Aufbau der Weiterbildung für Betriebsgerontologie am Alfred Adler Institut in Zürich.

Annette Glaser, geb. 1964, lic. phil. Psychologin FSP, Ausbildung als Ergotherapeutin, langjährige Arbeit mit Kindern, Psychologiestudium an der Universität Zürich mit Abschluss 2003, Forschungstätigkeit und klinische Arbeit als Psychoonkologin am Universitätsspital Zürich, Dissertation mit Promotion 2008. Aktuelle Tätigkeit als klinische Psychologin und Psychotherapeutin auf einer Akutstation im Psychiatriezentrum Spitäler Schaffhausen.

Andreas Kruse, geb. 1955, verheiratet, zwei Kinder, zwei Enkelkinder. Studium der Psychologie, der Philosophie und der Musik an den Universitäten Aachen und Bonn sowie an der Musikhochschule Köln. Promotion 1986, Habilitation 1991, von 1993 bis 1997 Gründungsdirektor und Gründungsprofessor am Institut für Psychologie der Universität Greifswald. Seit 1997 Direktor des Instituts für Gerontologie der Universität Heidelberg.

Christoph Laske, geb. 1968 in Stuttgart, Priv.-Doz. Dr. med., Facharzt für Neurologie, Psychiatrie und Psychotherapie, Oberarzt an der Universitätsklinik für Psychiatrie und Psychotherapie in Tübingen. Forschungsschwerpunkte Gerontopsychiatrie und Demenzerkrankungen mit zahlreichen Publikationen auf diesem Gebiet.

Andreas Maercker, geb. 1960, Prof. Dr. phil., Dr. med., Ordinarius für Psychopathologie und Klinische Intervention am Psychologischen Institut der Universität Zürich. Zahlreiche Publikationen und Buchherausgaben zu den Themen ›Traumafolgen‹ und ›Alterspsychotherapie‹.

Douglas Puccini, geb. 1949 in San Francisco, USA. Studium der Psychologie in Santa Clara CA, Zürich und Basel. Dr. phil., klinischer Psychologe und Psychotherapeut FSP, Psychoanalytiker IfP, Lehranalytiker und Supervisor. Promotion in Basel zum Thema: »Der Wunsch und seine Beziehung zur Realität. Eine Untersuchung einiger Gründe des Drogenkonsums«. Seit 14 Jahren in privater Praxis tätig.

Elke Richartz-Salzburger, geb. 1962 in Trier, Priv.-Doz. Dr. med., Fachärztin für Psychiatrie, Psychotherapie, Klinische Geriatrie, Mitglied der Medizinischen Fakultät der Universität Tübingen. Schwerpunkt Demenzforschung, Gerontopsychotherapie. Richartz-Salzburger (2007) Psychoimmunologische Forschung bei Alzheimer-Demenz.

Jacques-Emmanuel Schaefer, geb. 1969, Dr. med., Arzt für Psychiatrie und Psychotherapie, Geriatrie, Bis 03/08 Funktionsoberarzt der Gerontopsychiatrischen Tagesklinik der Universitätsklinik für Psychiatrie und Psychotherapie Tübingen, Leiter des Geriatrischen Schwerpunktes, seit 04/08 Oberarzt in der Abteilung für Alterspsychiatrie und Alterspsychotherapie der Psychiatrischen Klinik Münsterlingen, Schweiz.

Michael Schmid, geb. 1958, Dipl.-Psych. Klinischer Psychologe, Psychotherapeut (Verhaltenstherapie); Hypnotherapeut (MEG); Supervisor (apb; dgvt; szvt). Niedergelassener Psychotherapeut, seit 1994 innerhalb der kassenärztlichen Versorgung tätig. Lehrtätigkeit an verschiedenen Ausbildungsinstituten für Psychotherapie.

Eric Schmitt, geb. 1964, Professor Dr. phil., Diplom-Psychologe, Akademischer Oberrat und Stellvertretender Institutsdirektor am Institut für Gerontologie an der Ruprecht-Karls-Universität Heidelberg.

Daniel Strub, geb. 1957, Dr. med., Facharzt für Psychiatrie und Psychotherapie, Schwerpunkt Alterspsychiatrie und Alterspsychotherapie Leitender Arzt des Bereichs Spezialisierte Psychiatrie/Alterspsychiatrie der Kantonalen Psychiatrischen Klinik St. Pirminsberg in CH–7312 Pfäfers.

Henning Wormstall, geb. 1952, Univ. Prof., Dr. med., Arzt für Nervenheilkunde, Psychotherapie, klinische Geriatrie, Mitglied der medizinischen Fakultät der Universität Tübingen. 1997–2004 Vorsitzender der Landesarbeitsgemeinschaft Geriatrischer Schwerpunkte und Zentren Baden-Württemberg, Habilitation über das Thema »mehrdimensionale Gerontopsychiatrie«, seit 2004 Oberarzt und Fachabteilungsleiter im Psychiatriezentrum Breitenau (Spitäler Schaffhausen-CH).

www.ingramcontent.com/pod-product-compliance
Lightning Source LLC
Chambersburg PA
CBHW020615270326
41927CB00005B/340